LUTOS CORPORATIVOS

LUTOS CORPORATIVOS

Como lidar com a dor e o sofrimento de colaboradores e manter o bom desempenho na sua empresa

MARIANA CLARK

Copyright © 2025 by Mariana Clark

PREPARAÇÃO
Kathia Ferreira

REVISÃO
Mariana Gonçalves

PROJETO GRÁFICO E DESIGN DE CAPA
Vanessa S. Marine

DIAGRAMAÇÃO
Ilustrarte Design e Produção Editorial

IMAGENS DE CAPA
@jozefmicic | Adobe Stock

CIP-BRASIL. CATALOGAÇÃO NA PUBLICAÇÃO
SINDICATO NACIONAL DOS EDITORES DE LIVROS, RJ

C544l

    Clark, Mariana, 1977-
        Lutos corporativos : como lidar com a dor e o sofrimento para evitar o adoecimento mental, manter o bom desempenho dos colaboradores e garantir a produtividade na sua empresa. / Mariana Clark. - 1. ed. - Rio de Janeiro : Intrínseca, 2025.
        144 p. ; 21 cm.

    ISBN 978-85-510-1226-0

        1. Luto - Aspectos psicológicos. 2. Luto - Ambiente de trabalho. 3. Perda (Psicologia). I. Título.

25-98320.0
        CDD: 155.926
        CDU: 159.942:393.7

Carla Rosa Martins Gonçalves - Bibliotecária - CRB-7/4782

[2025]
Todos os direitos desta edição reservados à
EDITORA INTRÍNSECA LTDA.
Av. das Américas, 500, bloco 12, sala 303
Barra da Tijuca, Rio de Janeiro — RJ
CEP 22640-904
Tel./Fax: (21) 3206-7400
www.intrinseca.com.br

Dedico este livro a Rodrigo Menezes, pai dos meus três filhos, que tem sido abrigo e impulso na maior jornada da minha vida: a busca pelo equilíbrio entre maternar, empreender e os profundos processos internos de transformação, crescimento e cura. Serei eternamente grata pela nossa amizade e parceria.

SUMÁRIO

Introdução
A dor bate à porta
9

Capítulo 1
A dor não desliga das 9h às 18h!
15

Capítulo 2
O que estamos fazendo com nossas dores no contexto do trabalho?
26

Capítulo 3
O que é luto, afinal?
40

Capítulo 4
Tipos de luto
48

Capítulo 5
O luto não vai ser sempre igual
72

Capítulo 6
A cultura do cuidado, seus desafios e estratégias de implementação
78

Capítulo 7
A liderança que cuida
87

Capítulo 8
Ferramentas de cuidado nas empresas
102

Capítulo 9
O passo a passo da Abordagem de Cuidado
121

Conclusão
Um longo caminho
131

Agradecimentos
139

Notas
141

INTRODUÇÃO

A dor bate à porta

Telefone que toca fora de hora dificilmente é sinal de boas notícias. Naquele sábado não foi diferente. O diretor atendeu já sabendo que seu fim de semana seria atropelado por alguma crise. Do outro lado da linha, o gerente mais sênior da empresa explicou:

— É a Denise. Ela teve um ataque cardíaco fulminante.

— O que você está me dizendo?! — surpreendeu-se o diretor.

Conforme me relataria dois dias depois, ele não conseguiu processar de imediato aquela informação. Entre todas as hipóteses de crise, jamais havia considerado uma notícia como aquela.

— A Denise... morreu — repetiu o gerente, hesitando antes de conjugar um verbo tão assustador.

— Como?! — insistiu o diretor.

Algumas informações são mesmo difíceis de assimilar.

— Parece que ontem à noite ela se sentiu mal e... — Nesse ponto a voz do gerente sênior embargou. Nenhum de nós está preparado para dar uma notícia como essa, mas continuou: — ... não acordou.

O diretor se esforçou para quebrar o silêncio. Trancafiou toda e qualquer emoção e começou a pensar em termos de decisões práticas. Não é isso que se espera de um líder? No mundo corporativo, não há espaço para sentimentalismo, sinal de fraqueza e de incompetência, é o que dizem. Logo, ele fez o que foi treinado a fazer. Assumiu a responsabilidade de comunicar parte do time, delegando a outra parte ao gerente sênior.

Também ligou para o setor de Recursos Humanos, que me acionou no sábado mesmo, antecipando o impacto daquela notícia em toda a equipe, inclusive na liderança. Afinal, não se tratava de uma funcionária qualquer.

Denise era uma das coordenadoras de cerca de 30 pessoas que formavam a unidade de negócios responsável pelo maior faturamento daquela empresa. Ela exercia uma liderança inata, circulando bem entre os mais diferentes grupos, entre indivíduos com diversos perfis. Era empática, carismática e competente. Tinha cerca de 45 anos, três filhos e uma carreira em ascensão.

Minha visita à empresa foi marcada para a segunda-feira, um dia após o enterro, acompanhado por todos. Fui recebida por um funcionário do RH e pelo diretor, bastante abatido. Rapidamente percebi que sua tristeza se misturava a uma agonia sobre a forma como havia conduzido a questão. A tarefa a que se propusera tinha sido cumprida dentro do prazo estipulado, mas ele não estava convencido do resultado. Algo o incomodava. Temia ter sido direto demais, insensível demais.

— Eu estava tão nervoso que simplesmente despejei a notícia. Não dei chance para as pessoas responderem ou se manifestarem — explicou-me. — Não sei nem que palavras usei.

Sem que eu pedisse qualquer explicação, ele tentou se justificar. Apontou a pressa, a falta de treinamento. Ele já havia gerenciado crises que colocavam em risco a operação e a reputação da firma. Aquela, porém, era diferente. Não se tratava de máquinas, bens materiais ou *commodities*. O que estava em jogo era algo bem mais delicado e potente: o ser humano.

— E por que você acha que não foi o suficiente? — perguntei.

— Porque eu entrei no piloto automático — respondeu. — Eu tinha uma lista diante de mim. A Denise era muito querida aqui, tinha mais tempo de casa do que eu. Deveria ter conduzido de outra forma.

— Que outra forma seria essa?

— Não sei. Mas preciso da sua ajuda para tentar corrigir ou minimizar qualquer dano adicional que eu tenha causado ao time, já abalado por uma situação tão inesperada e dolorosa.

A preocupação desse diretor, que ele mal conseguia verbalizar, referia-se a como cuidar das pessoas. E não há um manual para isso. A morte de uma pessoa querida havia exposto uma lacuna em sua formação, mas era também uma oportunidade de resgatar sua humanidade e a da instituição.

Relatos e escolhas dessa natureza têm se repetido nas organizações corporativas. É cada vez maior o número de líderes preocupados em mudar o *statu quo* de seus ambientes de trabalho, mesmo sem terem vivido experiências tão traumáticas ou dolorosas quanto a daquele diretor. Foi desse lugar de vulnerabilidade que ele, seguindo a minha sugestão, abriu uma roda de conversa com os colaboradores uma hora depois. Participar do encontro seria a primeira tarefa de todos naquela segunda-feira tão diferente das outras.

— Obrigado por terem vindo — começou o diretor. — Imagino que não esteja sendo fácil para ninguém estar aqui hoje.

Para receber a dor que habita o outro, é preciso saber acolhê-la. O diretor teve a coragem de fazer isso na frente de seus liderados. Não houve tempo para planejar o discurso. Mais uma vez, foi no improviso, mas sem o filtro da razão. A humanidade de um líder autoriza o sentimento em todos e chorar — verbo que expressa a nossa primeira ação ao nascer — deixa de ferir o código de conduta institucional. Deixa de ser proibido. Pode — e precisa — fazer parte das organizações, principalmente em situações como aquela.

— No sábado, quando tive que dar a notícia a alguns de vocês — prosseguiu o diretor —, eu o fiz de forma intuitiva, da forma como aprendi, sem deixar que a emoção me atrapalhasse. A verdade é que eu estava à flor da pele... e ainda estou. Perder a Denise foi um choque muito grande. Ela está impregnada em nós, não era só parte da equipe.

Nesse ponto, ele fez uma breve pausa, mas logo continuou:
— Eu fiquei entorpecido pela notícia e reagi como pude. Isolei o que sentia e foquei em duas ações: eu queria que a família da Denise fosse assistida, como está sendo pela empresa, e que cada um de vocês fosse avisado por nós. Sabia o que queria e por que queria, mas não parei para pensar na forma de fazer isso. Peço desculpas se não foi a melhor maneira. Nosso grupo é grande e eu me vi lutando não só contra a emoção, mas também contra o tempo. Só depois me dei conta de que podia ter ferido ainda mais vocês com as minhas palavras ou o meu jeito. Quero que saibam que, com o auxílio do RH e de outras áreas da empresa, vamos continuar a cuidar da família da Denise e a fazer tudo o que for possível pelo marido dela e pelas crianças. Quero saber também o que posso fazer por vocês. Quero ouvir vocês. A Mariana está aqui para nos ajudar com isso.

A abertura improvisada e perfeita daquele líder para minha entrada na conversa deu início à psicoeducação do grupo. Na sequência, abordei boa parte do que apresentarei sobre luto neste livro. Meu papel ali não era dar uma aula nem conduzir uma terapia em grupo, e sim ser uma facilitadora para essa travessia. Não tinha comigo uma apresentação, tampouco uma apostila. Levava somente uma caixa de lenços, a minha experiência e a minha escuta.

Apresentei todas as manifestações do processo de luto e falei sobre como ele reverbera em várias dimensões. Expliquei como lidar com essa dor, que se mistura a outras já existentes e nunca expressadas. Naturalmente, um silêncio brutal tomou conta da sala, resultado de vários sentimentos: surpresa pelo tema; desconfiança de seu propósito; inquietação com seu rumo; espanto com a reação dos outros; tristeza ao reconhecer o que se sente;

medo das inevitáveis mudanças na empresa, mais à frente; alívio diante da empatia e do apoio dos demais.

Esse silêncio, apesar de respeitoso, não era confortável. Alguns encaravam o chão; outros olhavam desesperados para a porta; havia quem preferia secar as lágrimas; e quem procurava uma alma corajosa capaz de libertar o grupo daquela situação. Eu resisti à tentação de ajudá-los. Incentivei a quietude como parte de uma experiência não de sofrimento, mas de reflexão e assimilação das informações. Entendi a importância desse momento — havia uma quebra grande de paradigma em curso, não só para a organização, mas para cada indivíduo, ao descobrir que a sua dor já não precisa ser encoberta.

Na verdade, não se trata nem nunca se tratou de ausência de dor, mas de como se reorganizar a partir dela, seguir adiante "com ela" e entregar tudo o que foi prometido "apesar dela". Não é a dor que diminui. Somos nós que crescemos ao redor dela ao ampliar nossos recursos emocionais.

Naquele dia, a roda de conversa ofereceu espaço para a expressão da dor. O acolhimento se deu por meio do reconhecimento e da validação, compartilhados por outras pessoas da empresa, capazes de compreender aquela perda, sentida de forma individual e única. Esse conhecimento, junto da percepção de que existia uma estrutura de apoio dentro e fora do grupo, inclusive para a família enlutada, ajudava na regulação emocional e gerava segurança para se começar a encarar os desafios a partir da nova realidade.

Dali surgiram ideias, inclusive sobre como se aproximar e oferecer mais apoio à família. Enquanto a empresa ajudaria na parte burocrática, oferecendo uma cobertura estendida do plano de saúde, por exemplo, o time se organizaria para fazer uma homenagem e compartilhar, principalmente com os filhos enlutados, quem era a Denise dentro da empresa — dos reconhecimentos internos a seu trabalho até a sua preocupação com a decoração das mesas, passando pelas ideias repentinas à loja de bolos da esquina. Cabe graça nesse momento? Cabe. Cabe humor? Cabe. Há espaço para qualquer atitude amorosa. Não aumentar a insegurança já é um enorme avanço e incluir gentilezas e sorrisos é sempre bem-vindo para criar alguma leveza.

Durante o acolhimento, costumo incentivar que o grupo recorde não apenas características profissionais. Disparo também perguntas de outra natureza, a fim de descobrir o que tornava aquela pessoa tão especial. Peço que me apresentem o colega que faleceu por meio das maiores intimidades criadas entre eles.

- O que o faz lembrar-se dessa pessoa?
- Qual é a história dela?
- Para que time de futebol ela torcia?
- O que ela gostava de comer?
- Que tipo de relação vocês tinham?
- Que legado ela deixou?

Faço isso porque todos nós somos uma pessoa única exercendo vários papéis. Estratégias como essa, de resgatar memórias, ajudam nas flutuações emocionais dos colegas e da família, oferecendo um pouco do afeto "impregnado" neles.

Naquele dia, o encontro terminou trazendo um pouco de normalidade ao ambiente ou, melhor, alívio à equipe da qual Denise fazia parte. Somente um rapaz se mantinha inerte em sua cadeira, com as mãos no rosto, olhando fixamente o chão. Enquanto todos deixavam a sala, o diretor aproximou-se dele:

— Você está bem?

Os olhos inchados do rapaz já revelavam o que acontecia dentro dele antes mesmo que conseguisse verbalizar:

— Estou no meu momento de enfrentamento da dor.

Palavras não se faziam mais necessárias. O líder sentou-se ao lado do jovem e, com uma das mãos sobre o seu ombro, foi um porto seguro, de cuidado e de apoio, para que ele se sentisse à vontade para dividir as emoções presentes naquela hora.

CAPÍTULO 1

A dor não desliga das 9h às 18h!

"Agora você vai secar essas lágrimas, respirar fundo e voltar para o trabalho como se nada tivesse acontecido." Perdi a conta das vezes que, como executiva de Recursos Humanos, repeti essa frase logo depois de oferecer uma caixa de lenços à pessoa à minha frente. Uma frase absolutamente normal no meu dia a dia corporativo e, no entanto, completamente estranha à minha natureza cuidadora.

Há um fenômeno quase mágico quando um ser humano se conecta genuinamente com outro. E eu despertei muito cedo para essa magia. Aprendi, ainda menina, a desviar o foco de mim para olhar o outro. Achava que essa era a coisa certa a fazer e, por conta disso, o cuidar e o acolher tornaram-se minhas principais características e meus propósitos de vida.

Assim, na época do vestibular, fiquei naturalmente dividida entre Medicina e Psicologia, tamanha era a minha vontade de cuidar e gerar bem-estar. Optei por Psicologia e ingressei no mundo corporativo meio por acaso. A faculdade só oferecia uma disciplina obrigatória sobre Psicologia Organizacional, mais voltada para teorias e fatos históricos do que para processos e gestão de pessoas. Porém, após fazer um curso de recrutamento e seleção, tornei-me estagiária de uma estatal.

Nessa primeira experiência profissional, meu público-alvo eram jovens de baixa renda. Eu adorava perceber seus olhinhos brilhando diante de tudo o que representava a vaga de trabalho que eu buscava para eles. Por outro lado, sofria com as negativas que era obrigada a dar aos demais candidatos. A recusa tinha, claramente, um impacto social na vida deles, e um emocional na minha. Essa dualidade sempre me acompanhou.

Na área de Recursos Humanos, cuida-se da remuneração dos colaboradores, do plano de saúde da família, da carreira e dos projetos de vida. Mas também se oferece colaboração, parceria, questionamentos e elementos sobre as pessoas que serão fundamentais para as tomadas de decisão. Quanto mais madura uma organização, mais ela entende a necessidade de convidar o departamento de Recursos Humanos a sentar-se à mesa de discussões e, com sua visão das pessoas, ajudar a escolher caminhos e rumos estratégicos.

O dia em que finalmente passei a ter uma sala só para mim me trouxe grande satisfação. Não pelo status, mas por poder fazer algo que sempre me deu prazer e pelo qual constantemente fui demandada: acolher. Ao longo da vida, notava que as pessoas se sentiam confortáveis em me procurar para receber algum tipo de acolhimento. No mundo corporativo não foi diferente. Era fácil conversar comigo sobre o que era proibido expressar nas baias e nos corredores. Tudo começava com uma batidinha na minha porta e uma pergunta inocente dirigida a mim:

— Tem um minutinho?

Em 20 anos de "experiência com gente", aprendi que essa pergunta tão curtinha é somente a ponta de um iceberg. Acostumei-me a receber visitas sem hora marcada ou aviso prévio. Pessoas de várias faces e gêneros, idades variadas e níveis diversos de senioridade. Muitas delas esbanjavam autoconfiança no topo da cadeia de valor da empresa, mas não ali na minha sala, onde, protegidas por quatro paredes e cortinas fechadas, podiam retirar a máscara. Suas emoções e seus pensamentos encontravam em mim uma recepção aberta e verdadeira.

Era isso o que acontecia naquela sala. Só que essa conexão tão humana, que me orgulhava e me realizava ao ver o alívio estampado no rosto do outro, também me frustrava por ser tão oculta. Eu vivia ali, diariamente, uma contradição. Sentia-me bem por acolher tantas dores e testemunhar que, entre aquelas quatro paredes, elas eram permitidas e reconhecidas. Mas sabia que o contexto do trabalho era hostil à emoção e me desagradava ver a dor humana como matéria-prima desvalorizada, descartada e cancelada dentro das organizações. A preocupação maior das empresas era "focar no mais importante" — a produtividade —, e "estimular que as pessoas falassem o que sentiam" poderia trazer implicações desconhecidas e indesejadas.

Por causa dessa diferença entre o meu olhar e o olhar institucional, fui rotulada de romântica. Aquela que ponderava demais a respeito das relações humanas, aquela que "passava a mão" na cabeça dos funcionários, que gostava de escutar todos os lados de uma mesma história, mas, sobretudo, aquela que não tinha condições de sobreviver ao jogo político inerente ao mundo corporativo. Em algum momento, comecei a acreditar nisso e pensei: "Os incomodados que se mudem." Então, me rendi e pedi meu desligamento. Mas continuava convicta de que poderia contribuir para apoiar muitos indivíduos que, dentro das organizações, estavam em sofrimento psíquico e adoecimentos mentais já avançados.

Foi preciso sair do mundo corporativo para, ao olhar de fora, ter uma visão mais objetiva do que é ou não possível. Hoje, acredito que há um caminho do meio.

Todos sabemos que as empresas existem para resolver um problema ou diminuir uma dor na sociedade. E as metas são claras: gerar riqueza, entregar resultados, aumentar a performance e distribuir o lucro. Isso é fato e não está em discussão. Existe, naturalmente, uma pressão que afeta os modelos de negócio, os ambientes e as culturas organizacionais. Sabemos também que a origem das nossas dores reside nas mais íntimas questões humanas e que os espaços corporativos são um ambiente propício a potencializá-las, já que oferecem ainda mais medos, inseguranças, ameaças e conflitos. Ou seja, a conta não fecha para o indivíduo. Ou melhor, está saindo caro para esse colaborador, pois, na maioria das vezes, não há sucesso para ele nessa equação. Muito pelo contrário. Quanto mais as organizações são competitivas, mais é exigido dos indivíduos e mais eles ficam decepcionados. Quando alguém me pergunta por que falar de dor dentro das empresas, costumo dizer que levamos boa parte das nossas dores de casa para o ambiente de trabalho, onde passamos a maior parte da existência. Por isso, é preciso buscar oportunidades de coexistir sem colocar em risco a sobrevivência do negócio e, sobretudo, a nossa sobriedade emocional.

Ainda são raros os líderes que, além de olhar e se preocupar com o resultado e o impacto da produção, suas práticas e seus processos, conseguem enxergar e gerenciar a qualidade dos relacionamentos interpessoais. E não me refiro nem à qualidade da cultura nem ao clima organizacional, porque isso é incontrolável, mas ao ativo que realmente sustenta essa engrenagem: o cuidado no centro das relações.

A vida não é do jeito que desejamos e nenhum de nós foi ensinado a lidar com a dor — pelo contrário, fomos treinados, desde cedo, a esconder tudo o que é indesejado. Não aprendemos a gerenciar emoções, tampouco a descobrir as informações nelas contidas. Escolhemos isolá-las para evitar julgamento e poupar a nossa performance. Independentemente da descrição do cargo, cada indivíduo é contratado para executar um trabalho e nada deve interferir nesse processo. Deixa-se de lado o que se carrega na mente ou no peito para prevenir, para evitar dores para as organizações. Fazemos pela empresa o que não fazemos por nós mesmos.

Hoje, quando me recordo de todas as vezes que auxiliei uma pessoa a se recompor e retomar suas tarefas como se nada tivesse acontecido, sou obrigada a exercitar a autocompaixão. Secar as lágrimas e voltar à arena de combate — esse comportamento comum e tóxico no ambiente de trabalho — era uma estratégia de sobrevivência para todos, tanto para mim quanto para quem está à minha frente. Neste mundo tão veloz, as ameaças e os riscos se multiplicam a cada minuto. São várias as preocupações: conquista de mercado, interrupção da produção, atração e retenção de talentos, insegurança digital, construção de marca e reputação, inteligência artificial, entre outras. O jogo vira da noite para o dia. Não há tempo a perder. Não há tempo para distração. Não há vida pessoal.

Nesse meio, que importa se a dor está latente e latejante? A dor é indesejável e inconveniente das 9h às 18h ou enquanto o expediente durar — às vezes, até além. O que importa se ela é o que mais nos humaniza, mais nos conecta e mais nos diferencia das máquinas? Dentro das organizações, num ambiente às vezes asséptico a qualquer emoção, exceto aquela do "dono do negócio", com brilho nos olhos e faca nos dentes para "fazer acontecer", apesar de tudo e de todos, é ainda mais difícil e solitário passar por um processo de luto. Por isso, reproduzimos na vida adulta, com ou sem a ajuda dos outros, aquela frase ouvida na infância, tão castradora: "Engole o choro." As lágrimas podem até não cair, mas a dor se mantém ali, dentro de nós. Ela se transforma e nos transforma.

Os colaboradores sentem medo de pedir ajuda e se colocar em risco, já que o pedido pode parecer que estão assinando um "atestado de improdutividade". A maioria dos líderes, por sua vez, nunca entendeu as dores individuais como parte do seu escopo de trabalho. "Não dá tempo para brincar de ser terapeuta", dizem. E nós nos acostumamos a ver o gestor como aquela figura rígida e severa que detém o comando e o controle de todos para garantir o resultado final.

O paradigma da empresa centrada na competitividade começou a ser desconstruído a partir de março de 2020, quando a Organização Mundial da Saúde (OMS) elevou a estado de pandemia a rápida propagação do vírus causador da Covid-19. Ao longo desse período, o muro entre vida pessoal e vida profissional foi derrubado, já que a norma passou a ser evitar as aglomerações humanas, instituindo-se o *home office*, sempre que possível, e a ameaça à vida e/ou a experiência da morte dilaceraram as rotinas. A competência técnica foi colocada em xeque. Os líderes não estavam preparados para gerenciar tantas mudanças ao mesmo tempo, para lidar com afastamentos ou para falar de morte ou de saúde mental.

Naquele momento tão difícil, as organizações começaram a entender a necessidade de oferecer espaços para expressão e validação de dores, contribuindo para tornar o luto um processo de construção de novos significados, assim como uma oportunidade de crescimento, transformação e aprendizado.

Afinal, segundo dados da própria OMS divulgados apenas dois anos depois, a Covid-19 já havia causado quase 15 milhões de mortes em todo o mundo.[1] E a necessidade de criar espaços para expressar e validar dores não acabou quando o estado de pandemia foi revogado pela OMS, em maio de 2023 — pelo contrário, somente descortinou a urgência para se olhar com mais cuidado os adoecimentos dentro das nossas organizações.

Tenho repetido, nas salas de reunião e nos corredores das empresas, que uma situação difícil tende a ficar mais branda se compartilhada, e uma alegria tende a ficar mais intensa se repartida com alguém. Como seres sociais, externar sentimentos nos ajuda a encontrar outras perspectivas e ter uma dimensão mais precisa da situação. O isolamento pode parecer confortável e tentador, mas dividir as nossas emoções com as pessoas em quem confiamos e com quem temos intimidade torna tudo mais fácil.

Reconheço que o convite que faço aqui não é simples. Nunca é tarde, porém, para entrar em contato com tudo aquilo que emerge a partir das nossas dores e dos nossos sofrimentos. Acessar e ressignificar essas experiências nos ajuda a estar mais inteiros ao trabalho, a fomentar relações mais saudáveis e a contribuir para solidificar ambientes e sistemas mais produtivos e felizes.

Além de apresentar uma nova visão sobre nossas dores, espero, com este livro:

- disseminar um passo a passo para que indivíduos lidem de uma forma mais saudável com suas dores e seus adoecimentos no contexto organizacional;
- oferecer ferramentas para que indivíduos e líderes sejam guardiães do próprio cuidado e, consequentemente, com os outros;
- contribuir para a ampliação de ferramentas, estratégias de ajustamento e recursos emocionais da liderança, das áreas cuidadoras e dos times;
- compartilhar responsabilidades e riscos;
- aumentar o conhecimento a respeito dos principais sintomas de adoecimento das pessoas e tratá-los precocemente;
- estimular espaços seguros de expressão, validação e ventilação das nossas dores no ambiente do trabalho;
- responsabilizar indivíduos nos seus processos de autoconhecimento;
- colaborar para a criação de uma cultura do cuidado, não só dentro das organizações, mas também na sociedade.

Quando entendemos a necessidade de sermos protagonistas das nossas experiências de dor, desenvolvemos recursos emocionais que nos dão uma nova perspectiva sobre o que é, de fato, nosso, e o que é do chefe, do cliente, da cultura ou da equipe. A partir daí, fica mais fácil nos preservarmos e nos blindarmos contra os desafios, a competitividade, as adversidades, as politicagens, as máscaras sociais e os estresses escancarados no modelo corporativo. Quando a dor é compartilhada, ela é diminuída e todos saem ganhando.

O que fazer quando o luto invade a empresa?

Por que é tão difícil lidar com a dor da perda e falar sobre esse sentimento? Sabemos que não é só nas organizações que não há espaço para abordar o luto. Muitas vezes, não encontramos abertura nem em casa, nem com o parceiro, nem entre os familiares ou os amigos. Diante de uma pessoa enlutada, em geral, nosso primeiro impulso é tentar eliminar a dor dessa pessoa, ou ajudá-la a se recuperar da perda o mais rapidamente possível. Mas a morte, assim como o rompimento de qualquer vínculo forte, não é um problema a ser resolvido. É parte inevitável do nosso destino.

Tentar ignorar o próprio luto é desmerecer sua força e ingressar, eventualmente, em um grave processo de adoecimento. Luto não é doença, mas pode virar enfermidade, como uma depressão, transtorno que ainda carrega vários estigmas, dificultando o tratamento. E a verdade é que não existem curativos ou frases prontas para se usar com um enlutado. Sabe aquelas tiradas conhecidas? — "Eu sei o que você está sentindo"; "Essa pessoa foi para um lugar melhor"; "Isso vai acontecer com todos nós em algum momento"; "Deus quis assim". — Nenhuma delas ajuda, pelo contrário.

Dentro das empresas não é diferente. O silêncio e a invalidação da dor nesse momento reforçam o sentimento de inadequação social, fazendo com que o colaborador se sinta ainda mais isolado. Cada dor é única, dependendo de quem a sente. Para alguns, o trabalho pode ser um elemento motor, necessário para a reorganização emocional. Para outros, um tormento pensar na possibilidade de voltar àquela rotina. Então, o que se pode fazer? Na dúvida e, principalmente, na vontade de acolher, basta fazer perguntas sobre como a organização pode ser útil. Não hesite em perguntar "como posso ajudar?", ou "estarei aqui para o que você precisar!". O mais importante é que o indivíduo enlutado participe de todas as decisões a serem tomadas, desde a escolha do tipo de acolhimento e de intervenções possíveis até a preparação do ambiente para o seu retorno.

Pontos importantes nos quais a empresa deve atuar:

- reconhecer a perda e fazer com que o colaborador saiba que sua equipe se importa com ele e fará tudo para ajudá-lo;
- reconhecer o impacto que o luto tem e representa para os aspectos cognitivos, físicos, comportamentais, psicológicos e espirituais desse colaborador;
- comunicar com muita delicadeza ao enlutado quem será a pessoa de apoio que ficará em contato com ele, inteirando-o das decisões que estão sendo tomadas;
- informar aos demais colaboradores da área o ocorrido, respeitando a discrição sobre a perda;
- lembrar aos colegas que o colaborador enlutado não está nas mesmas condições de antes, podendo se mostrar desinteressado pela rotina e indisponível emocionalmente;
- encaminhar ao colaborador, ou a alguém da família, todas as tratativas sobre as burocracias que envolvem seguro de vida, apoio funeral, serviços jurídicos, entre outras, garantindo que o enlutado esteja livre de se preocupar com essas decisões;
- levar para a empresa especialistas para a condução de acolhimentos que amparem as equipes;
- flexibilizar horários, repactuar as atividades com os demais colaboradores da área, oferecer férias ou mais tempo suficiente para que o liderado se sinta confortável com o retorno do enlutado;
- perguntar ao colaborador, quando ele voltar ao trabalho, como gostaria de ser recebido. Certamente, ele precisará de espaço e tempo para se adaptar;
- emprestar o tempo pode ser uma linda oferta de cuidado e afeto no retorno do enlutado à empresa. Não se perca

pensando sobre o que dizer, o que seria mais apropriado ou o que gostaria de ouvir. Ofereça seu tempo, na medida do possível, sem distrações. Separe algumas horas do dia para estar perto, para oferecer ao outro aquilo que é mais precioso: sua presença.

Essas são ações verdadeiras e potentes, mas não são fáceis. Quando o caso é a perda de um familiar do colaborador, a qualidade do cuidado vai fazer toda a diferença na travessia do luto. E certamente vai definir o nível de energia, de produtividade, de confiança, de engajamento e de fidelidade para com a organização, inclusive se há vontade de seguir nela.

Quando o caso é uma perda dentro da empresa, o que afeta a todos, é preciso atenção e uma boa base de conhecimento na hora de atuar. Ao abrir uma roda de conversa com os colaboradores, dois fenômenos inevitavelmente ocorrem. O primeiro refere-se à necessidade dos integrantes de rememorar onde e como receberam a notícia traumática. Quanto mais contamos o que vivemos, melhor processamos o que aconteceu e a dor que sentimos. À medida que relembramos, elaboramos de modo mais eficaz a dor, regulamos as emoções advindas da ruptura daquele vínculo e nos tornamos mais capazes de enfrentar a nova realidade.

O segundo fenômeno refere-se à necessidade de compartilhar o que aquela pessoa representava para cada um, não só do ponto de vista profissional, mas também pessoal. Nesse momento, a caixinha de lenço é ainda mais necessária, tornando-se um valioso instrumento que autoriza a expressão da dor. O campo sistêmico que se forma nessa partilha reforça a conexão, a empatia, o pertencimento, a colaboração e a confiança para voltar a enfrentar a dor e a vida.

A competição e o julgamento, tão comuns no ambiente corporativo, perdem espaço diante de uma visão mais ampla e abrangente do outro e da realidade. Embora o luto reverbere individualmente, gera coesão no grupo, que passará a operar de outro lugar e de outra forma a partir dessa experiência. O vínculo entre seus integrantes é descortinado: não se trata apenas de uma relação de trabalho, como fomos educados a acreditar. Há, acima de tudo, um laço humano. No entanto, para se chegar a isso, é preciso aprender não a calar o sentimento, e sim a calar a própria voz para ouvir o sentimento. A dor e o luto precisam ser vividos. E, repito, dor compartilhada é dor diminuída.

Agora, imagine poder viver o seu luto não sem responsabilidade, mas sem o medo de críticas e de retaliações, com abertura para se expressar. Apenas uma minoria de empresas, porém, já conseguiu transformar essa possibilidade em realidade.

CAPÍTULO 2

O que estamos fazendo com nossas dores no contexto do trabalho?

Na entrevista de emprego, o candidato apresenta suas competências, habilidades, *cases* de sucesso e insucesso, conquistas, potencialidades, aspirações e, sobretudo, um comprometimento com entregas e resultados para a função específica que pleiteia — o que é justo, já que a organização vai remunerá-lo por isso. Assim, o resultado esperado precisa ser entregue. Isso não está em questão. Podemos até dialogar, repactuar e renegociar o que envolve as metas exigidas pelo cargo. Porém, quando entregamos nossa carteira de trabalho, vai junto uma série de expectativas, sonhos e desejos de que aquele lugar se responsabilize por questões individuais e existenciais que são somente nossas. Bingo! A frustração aqui é garantida, porque sabemos que essa demanda (velada), que extrapola o técnico e a frieza de um contrato laboral, nunca será atendida nesse contexto.

Há muita vida dentro das empresas, mas também muita dor, e tudo isso se mistura quando tentamos terceirizar para a organização a responsabilidade por nossa cura, felicidade e bem-estar.

Organizações não têm a capacidade de admitir indivíduos saudáveis e transformá-los em indivíduos doentes. O indivíduo não entra na empresa sadio e acorda, depois de um mês, adoecido. Organizações não existem para nos adoecer. Entre erros e acertos, elas criam mecanismos de gestão para sobreviver a sistemas cada vez mais complexos, por meio dos quais são pressionadas, necessariamente, a prestar contas e manter coerência — pelo menos em tese — entre a história que contam e aquilo que praticam.

Um dos maiores motivos de sofrimento é acreditarmos que os espaços corporativos nos entregarão um manual de felicidade e bem-estar, quando, na verdade, a felicidade é efeito colateral, é consequência de um árduo processo de autoconhecimento. Se eu soubesse disso aos 25 anos, teria encurtado caminhos e sofrido menos em minha trajetória profissional. O adoecimento mental é sempre multifatorial. A empresa não é o único fator de agravamento de dores e de processos de luto.

A César o que é de César

Todos os dias, chegamos na empresa para trabalhar com uma bagagem repleta de experiências e histórias de vida. Levamos conosco um repertório, uma estrutura e uma percepção do funcionamento do mundo já estabelecida a partir das influências, dos valores e de nossa personalidade. Carregamos o que sentimos em casa para o trabalho e, no fim do dia, levamos para casa o que sentimos no trabalho. Por isso, é necessário separar os desconfortos, buscando descobrir o que cabe a si próprio e o que pertence ao chefe, ao cliente ou à organização, a fim de que os elementos não se misturem.

O trabalho ocupa um espaço importante no dia a dia. Ele é organizador, dignifica o ser humano, oferece rotina, possibilidade de crescimento profissional, de realização de sonhos, de ampliação de saberes e, acima de tudo, permite que nos relacionemos com pessoas diferentes daquelas que escolhemos para conviver no círculo social. Mas, para que possamos viver melhor nossa relação com o trabalho, o ideal é fazer um mergulho em todos os aspectos e as implicações da nossa existência. Esse é um trabalho individual, que cabe exclusivamente a nós.

Responsabilizar-se pelas próprias questões faz parte do processo de amadurecimento do adulto. Com ou sem apoio das empresas, todo e qualquer indivíduo deve atuar para fomentar espaços internos de aceitação, aprendizado e transformação. Responsabilizar-se significa tornar-se aprendiz de experiências que ainda não foram tão bem-sucedidas. É se comprometer a incorporar lições e adaptá-las aos próprios valores para que se possa progredir.

Outro fator de extrema importância é a qualidade das nossas relações, pois são elas que amenizam ou amplificam as ameaças do mundo, auxiliando a nossa regulação (ou desregulação) emocional. É nossa responsabilidade estar perto de pessoas com quem possamos contar. Quem você pode acionar nos momentos difíceis? Como está a qualidade do tempo que você investe na construção desses vínculos? Muitas vezes, acabamos tratando mal as pessoas que mais amamos, porque passamos o dia distribuindo sorrisos falsos para sermos reconhecidos e aceitos.

Atentar para a nossa responsabilidade de cuidar da rede de apoio é o que nos deixará mais confortáveis quando precisarmos de ajuda. Afinal, ser protagonista das nossas escolhas também implica renunciar à autossuficiência e pedir ajuda, mesmo com a sensação desconfortável de não querer incomodar. A insistência em ser forte, por exemplo, devido à pressão da sociedade, é descabida e um desperdício de energia. Somos seres sociais, dependentes por natureza uns dos outros, unidos pela dor e pelo amor. "A adversidade não discrimina", destaca brilhantemente Lucy Hone, palestrante, escritora e psicóloga australiana que dirige o Instituto de Bem-Estar e Resiliência da Nova Zelândia e protagoniza um dos meus TEDs preferidos.[1]

Em "Três segredos de pessoas resilientes", Lucy Hone conta que tudo que aprendeu sobre resiliência, tema no qual havia se especializado, foi colocado em xeque quando sua filha de 11 anos, Abi, morreu em um acidente de carro. Enquanto mãe enlutada, ela tentou lidar com as perdas em série decorrentes da tragédia, mas não conseguia. E os conselhos dos outros não a ajudavam — pelo contrário, em muitos momentos, pareciam empurrá-la para o fundo do poço, ao destacarem o alto risco de desintegração da família e de adoecimento mental. Hone partiu, então, em uma cruzada própria em busca da resiliência e, dessa experiência, que corroborou suas pesquisas anteriores, ela concluiu que, para atravessar os momentos de sofrimento, é fundamental:

- ter consciência sobre a dualidade da vida e saber que a permanência desse estado depende da nossa capacidade de resistir e reagir;
- ter foco no que pode ser mudado, desenvolver aceitação sobre o que não pode e escolher deliberadamente o que nos traz prazer;
- fazer escolhas com base no que ajuda ou prejudica a regulação das emoções e a reorganização do mundo. Isso vale para comportamentos, ações e decisões, mas também para pensamentos que desencadeiam fortes emoções.[2]

Desenvolver a autorresponsabilidade é um exercício diário, e a sua habilidade se fortalecerá e se tornará mais confiável quanto mais você se dispuser a treiná-la. Trata-se de processo lento, sem atalhos nem rotas de fuga. Desorganiza e mobiliza, mas a única forma de acomodar, ressignificar ou crescer com uma experiência de sofrimento é entrando em contato com o que nos machuca e reverbera dentro de nós. A promoção da saúde física e mental passa, sim, pelas relações dentro da empresa, mas lembre-se: a saúde mental é individual e nós somos os únicos protagonistas capazes de refletir sobre o próprio presente, para que o futuro seja sonhado com boas perspectivas e surpresas.

A dor individual encontra a dor organizacional

No mundo organizacional, nossos lutos individuais se misturam e são potencializados pela cultura e pelo ambiente nos quais estamos inseridos. Tais lutos se emaranham às dores próprias da instituição, causadas por movimentos bruscos ou inesperados — como demissões, troca de líder, mudança na cultura da empresa, processo de fusão e aquisição, falta de investimento, cancelamento de projetos ou promessas de promoção que nunca acontecem —, ao desenho da corporação, à autonomia para tomar decisões e à remuneração, além da inevitável comparação com colegas em cargos similares, mas com entregas distintas e até inferiores.

Há ainda outras dores recorrentes no ambiente corporativo, como as máscaras sociais, a falta de transparência, de comunicação ou de ética, os feedbacks despreparados e a politicagem.

Todas essas dores nos exaurem, roubando uma energia vital que poderia gerar mais criatividade, aprendizado, colaboração, inovação e produtividade. E certos comportamentos específicos que costumam gerar intenso sofrimento no contexto do trabalho — como assédios, microagressões, comentários velados ou sutis carregados de preconceito e desrespeito contra grupos vulneráveis — não podem ser tolerados de jeito nenhum. Em contrapartida, podemos juntar esforços para ampliar os espaços de afeto, de cuidado e humanização no combate a estruturas perversas e controladoras.

Precisamos de líderes com coragem de assumir o papel fundamental de protagonizar essa mudança. No entanto, o que mais se vê é uma liderança em crise que vem sendo cada vez mais exigida, apesar do seu baixo repertório emocional. Está mais do que na hora de as empresas entenderem que só conseguirão levar suas equipes à potência máxima a partir da compreensão da necessidade de lidar melhor com as questões mais sutis e subjetivas do ser humano, demandadas nessas inter-relações corporativas.

Por que as empresas deveriam mudar a forma de lidar com a dor?

Dor e sofrimento estão presentes em qualquer ambiente, e sabemos como sempre é desafiador lidar com esses sentimentos, independentemente das circunstâncias. Entretanto, se temos um espaço que permite que a dor seja acolhida, estaremos não apenas promovendo o bem individual, como também espalhando o impacto positivo dessa ação por todo o sistema que estrutura a organização. Ou seja, a ideia não é apenas impactar diretamente os resultados, mas sim permitir um salto qualitativo do capital emocional e social da própria empresa.

Um estudo realizado em 12 países pela Adecco, empresa suíça líder mundial em Recursos Humanos, aponta que sete em cada dez funcionários se sentem estressados ou ansiosos com frequência ou eventualmente.[3] Você acha mesmo que o ambiente corporativo é imune a esse quadro? Acredita, de verdade, que ele pode se manter saudável para os que já estão fragilizados e também para os demais? A boa notícia é que quase 60% das empresas ouvidas para esse estudo mostraram-se cientes da piora na saúde mental de seus colaboradores.[4]

Outras estatísticas corroboram o resultado da pesquisa da Adecco. Por exemplo, no Brasil, o Ministério do Trabalho registrou em 2021 um aumento no número de auxílios-doença concedidos a trabalhadores com transtornos mentais e comportamentais, principalmente depressão e ansiedade.[5] E quando um funcionário adoece ou se afasta das suas funções, afora seus problemas pessoais, ele gera custo para a empresa e sobrecarga para a equipe. É uma bola de neve, pois afeta todo o sistema.

A Federação das Indústrias do Estado de Minas Gerais (Fiemg) fez essa conta: se 20% das pessoas empregadas no país sofrem de algum tipo de transtorno mental, o impacto no faturamento das empresas é de R$ 397,2 bilhões por ano. Para o país, isso pode representar 4,7% do Produto Interno Bruto (PIB).[6] O que podemos aprender com isso? Parece evidente:

o colaborador saudável produz mais e melhor. E é por isso que seu bem-estar é, sim, do interesse da empresa. Ainda que o trabalho não seja o único responsável por tantos dados assustadores.

O problema é que a maioria dos programas corporativos para promoção de saúde e bem-estar considera que, para estar saudável, basta fazer exercícios físicos e se alimentar bem. Não, isso não basta. Também é preciso cuidar da mente, ou seja, desenvolver recursos emocionais para gerenciar o estresse e os desafios impostos pelo trabalho e pela vida. A promoção à saúde, segundo definição da própria OMS, não se restringe a alimentação adequada e exercícios físicos, incluindo intervenções sociais e ambientais para "capacitar as pessoas a aumentar o controle e melhorar sua saúde".[7] Não à toa a saúde mental foi apontada, em 2023, como uma ameaça global pelo Fórum Econômico Mundial, que viu no declínio do bem-estar, da coesão social e da produtividade um risco à economia mundial.[8]

Fatores que contribuem para o adoecimento mental

O psicólogo Alexandre Coimbra Amaral, consultor de saúde mental em organizações e colunista do jornal *Valor Econômico*, explicou em uma entrevista concedida à TV Brasil, em 2023, que "somos vítimas de uma estrutura doente, muito maior do que a nossa capacidade infinita de colocar esforços e recursos emocionais, internos ou externos, para ter sucesso ou para dar conta de todas as demandas. Somos atravessados diariamente por uma série de variáveis sociais, culturais, políticas e econômicas que definem verdadeiramente se temos condição de dar certo ou não na vida. Somos obrigados a nos reinventar por lutos esperados ou não, por dores que nos deixam completamente desabrigados".[9]

Em outras palavras: não somos os únicos responsáveis por nossas carreiras, nosso sucesso e bem-estar. Além dos fatores sociais, entram nessa equação a pré-disposição genética — se nossos pais tiveram algum diagnóstico, a chance de também o desenvolvermos é maior — e o uso de substâncias químicas por longos períodos, que causam inflamações no corpo. E podemos incluir nessa conta o país em que vivemos e seu contexto de desigualdade social, fome, desemprego e violência, entre outros fatores, que muitas vezes não nos oferece condições dignas, enquanto sociedade, para nos sentirmos seguros ao colocar em prática o que a OMS define como saúde mental: "Um estado de bem-estar no qual o indivíduo é capaz de reconhecer e usar as próprias habilidades, lidar com o estresse do dia a dia, ser produtivo no trabalho e contribuir com a sua comunidade".[10]

Note que não se fala aqui em ausência de estresse, conflito ou dor, e sim de desenvolvimento das nossas capacidades para lidar com as situações e emoções do dia a dia.

A sociedade atual ainda lança sobre todos, principalmente sobre os jovens, uma camada extra de complexidade, advinda da hiperconectividade. Já sabemos que as redes sociais também são um dos maiores fatores de risco para sobrecarga de informações e cobrança excessiva. Algumas das razões pelas quais os ambientes digitais têm produzido tanta doença são: o sequestro emocional; a falsa sensação de conexão e pertencimento; e a comparação. Quem nunca fingiu que ficaria em uma rede social por apenas cinco minutos e, sem perceber, permaneceu ali por uma hora?

A dinâmica das redes é alimentada, também, por nossas dores e necessidades não atendidas. Todo excesso esconde uma falta — e o que será que nos falta que nos faz sentir nutridos pela rede social? Que falta é essa que esse excesso esconde e tenta compensar? De que emoção ou experiência carecemos tanto para nos enfiarmos nesse buraco virtual a ponto de adoecermos? Não quero — nem faria sentido — demonizar a tecnologia, mas precisamos aprender a usá-la a nosso favor. Afinal, é apenas porque abrimos mão de nossa consciência e de nossa capacidade de controle que somos inundados por informações que nos desviam do nosso caminho de cura, inflamando nossas feridas individuais, familiares, comunitárias e sociais.

Por último, sabemos que as dores, as experiências de vida e os traumas também fazem parte de grandes colapsos individuais que colaboram para a degradação do bem-estar e da vitalidade. Toda essa crise existencial, política, econômica e social nos assusta profundamente quando entendemos a grandiosidade da epidemia de transtornos da saúde mental que nos impacta. Questões estruturais produzem sintomas importantes no nosso corpo, afetam o sistema nervoso e escancaram nossos lutos, nossas perdas, as marcas psíquicas e os traumas vividos. Esses sintomas também se confundem com os de adoecimentos mentais.

Vale ressaltar que o transtorno mental não é frescura; a saúde mental é algo individual e não pode ser tratada em bloco. Por isso, gosto da ideia de que a saúde mental é o constante estado de autopreservação e autorresponsabilidade sobre aquilo que nos machuca, sobre ruídos internos e angústias. Já o transtorno mental, segundo a OMS, "é uma síndrome caracterizada por perturbação clinicamente significativa na cognição, na regulação emocional ou no comportamento de um indivíduo que reflete uma disfunção nos processos psicológicos, biológicos ou de desenvolvimento subjacentes ao funcionamento mental".[11]

Transtorno mental significa o rompimento do nosso bem-estar, ou seja, é o quanto os sintomas nos atrapalham. Existem diversos transtornos mentais e, em geral, todos são caracterizados por uma combinação de pensamentos, percepções, emoções e comportamento anormais que também podem afetar as relações com outras pessoas. A seguir, listo os sintomas mais comuns apresentados pelos transtornos de ansiedade, depressão ou burnout:

Principais sintomas ou características comportamentais de pessoas que apresentam transtornos de ansiedade, depressão ou burnout

Ansiedade	Depressão	Burnout
Sintomas de medo, preocupações em excesso e perturbações constantes. O mundo se torna um lugar perigoso e ameaçador. Pessimismo, medos irracionais, sensação generalizada de hipervigília. Compulsões fazem parte desse diagnóstico.	Pouco interesse ou prazer em realizar atividades que fazia antes. Abatimento, tristeza, fadiga, sentimento de falta de esperança e de perspectiva. Alterações no sono: problemas para conseguir adormecer ou dormir demais. Pensamentos sobre morte ou suicídio. Síndrome amotivacional. Ausência de vitalidade; irritabilidade; baixa autoestima; perda de propósito; pessimismo, sentimento de culpa; dificuldade de concentração; falta de libido; sentimento de fracasso.	Estado de esgotamento e tensão profissional. Fadiga por compaixão. Incapacidade de se desligar do trabalho. Associação entre volume de trabalho e prazer. Falta de noção dos limites entre vida pessoal e profissional. Condições de trabalho desgastantes. Exposição longa ao estresse. Eficácia profissional reduzida, associada à sensação de incompetência. Estresse crônico; conflitos e competitividade; pressão excessiva; autocobrança excessiva.

Não pense que você não tem nada a ver com isso!

A saúde mental está totalmente ligada à capacidade de flexibilização, isto é, à habilidade de nos ajustarmos às adversidades. A psicóloga clínica Gabriela Casellato, minha querida professora e supervisora e uma das grandes referências em luto no Brasil, cofundadora do 4 Estações Instituto de Psicologia, em São Paulo, sempre explica que, ao fortalecermos os recursos internos, aliviamos a carga do cérebro, pois desligamos o sistema que nos mantém em estado de alerta, prontos tanto para o enfrentamento quanto para a fuga. Esse mecanismo suga nossa energia e afeta o bem-estar.[12] Funciona assim: quanto mais rígidos, mais adoecidos. Quanto mais certezas, maior o sofrimento. Quanto mais medo e insegurança, menos leveza e ousadia. Quanto maior a capacidade de adaptação, melhor a nossa saúde emocional.

Se você, por acaso, pensa que o adoecimento mental é uma realidade distante de você ou de sua empresa, está enganado. O Brasil é vice-campeão mundial no ranking de trabalhadores com burnout, segundo a Associação Internacional de Gerenciamento de Estresse (International Stress Management Association — Isma, em inglês).[13] E eu sei bem disso, não só porque estudei, mas porque vivi na pele. Mais de uma vez. Em uma delas adoeci e me tornei parte das estatísticas.

Mas identifiquei logo os sintomas de um mal-estar mais sério. Diante da contradição que vivia no trabalho, passei por uma síndrome de impostora que me fazia questionar a minha aptidão ou qualificação para a função para a qual tinha sido contratada. Afinal, eu enxergava valor em algo descartável aos olhos dos demais. O sentimento de inadequação cresceu dentro de mim, tanto quanto a necessidade de me desligar daquele ambiente, daquela função, de tudo. A taquicardia, o suadouro e a falta de ar foram o alerta máximo. Eu precisava fazer alguma coisa para não adoecer ainda mais. Eu precisava mudar e buscar saídas.

Foi assim, pela insatisfação e pela dor incômoda com o meu trabalho, que cheguei à especialização em luto, à qual a maioria das pessoas, inclusive as mais próximas, chamava de mórbida. Nessa formação, revivi muitas das minhas experiências e pude atravessar as dores que me transformaram e me constituíram, me trazendo até aqui. Nossos processos de luto reescrevem nossos destinos, nos transformam e transformam também tudo o que está à nossa volta. E então eu tive uma certeza: essa conversa precisava ser levada para as organizações.

Há algumas décadas ninguém ousava falar de segurança do trabalho, uma ideia que hoje é tão comum quanto qualquer outra dentro das empresas. Em 1978, a Portaria nº 3.214, do Ministério do Trabalho, estabeleceu que a Comissão Interna de Prevenção de Acidentes (Cipa), composta por representantes dos empregados e do empregador, tem como objetivo a "prevenção de acidentes e doenças decorrentes do trabalho, de modo a tornar compatível, de forma permanente, o trabalho com a preservação da vida e a promoção da saúde do trabalhador".[14] Assim nasceu uma série de práticas, incluindo a Semana Interna de Prevenção a Acidentes de Trabalho (Sipat), inicialmente restrita a eventuais problemas de segurança nas mais diversas funções, mas que se tornou um evento realizado por empresas públicas e privadas para conscientizar as pessoas de um modo geral sobre a importância da segurança e da saúde no ambiente de trabalho.

No início, a adoção das práticas de segurança era imposta e a não obediência a elas era passível de multa, mas, gradualmente, as empresas descobriram a importância desse projeto. O conteúdo apresentado tornou-se menos padronizado e mais criativo, sendo adaptado aos desafios de cada organização. Hoje é bastante comum organizações oferecerem treinamento para evitar acidentes, sinalizações de área de risco, equipamentos de proteção individual, capacitação para operação de máquinas, programas para minimização de erros, simulações de incêndio e projetos de saúde ocupacional, que podem incluir atividades para evitar lesões por movimento repetitivo.

E por que seria diferente com a saúde mental? Também nesse caso é possível e necessário atuar com a prevenção e mitigar danos, a fim de encontrar formas de viver dentro da nova realidade. E essa é mais uma grande quebra de paradigma para as empresas. Tal como se faz com a segurança física, é possível estabelecer um trabalho de prevenção para a preservação da integridade mental em toda e qualquer situação relacionada ao contexto laboral. Motivos não faltam para começar essa jornada — seja por estatísticas externas ou internas, seja por uma necessidade pontual.

Além de políticas públicas e da capacitação de profissionais de saúde, é preciso criar espaços de expressão, validação e legitimação de sentimentos dentro das organizações para o acolhimento do sofrimento existencial que compromete a produtividade e a capacidade reflexiva. É fundamental cuidar da saúde mental e ampliar os recursos emocionais para atravessar com mais segurança as inevitáveis rupturas da vida, ciente do que se vive, consciente de que é possível dar conta disso e, se preciso, não há problema em se pedir socorro.

Não dá mais para esconder a dor, nem tampouco padronizar a resposta a ela. Cada empresa, assim como cada indivíduo, deve buscar alternativas de estratégia de enfrentamento. Como já dito, embora a dor humana seja multifatorial, ela é experimentada de forma individual. Contudo, afeta a organização e precisa ser expressa e validada para evitar o adoecimento em série.

Cada empresa tem o seu tempo de chegada a esse assunto; cada um de nós, também. O importante é que o tema seja colocado em pauta. Empresas são potências capazes de transformar, provocar e causar grandes viradas na sociedade, ajudando a encontrar caminhos para um futuro mais viável. Podem, portanto, se posicionar como rede de apoio ao refletir sobre ambientes mais humanizados.

O que acontece quando a dor é negada ou tratada com indiferença? Muita coisa. E é por isso que precisamos falar do luto, essa dor tão rodeada de tabus que pode oferecer complicações ou dores secundárias. Pode, por exemplo, se transformar numa depressão ou, eventualmente, em um transtorno de ansiedade. O tabu é velho e o luto é antigo, mas tratar do assunto é algo novo. Derrubar muros e construir pontes demanda tempo, é fatigante, é profundo, e mexer na dor causa dor. Mas como falar desse assunto se, por medo de olhar para ele, nem entendemos direito do que se trata?

CAPÍTULO 3

O que é luto, afinal?

"Os cientistas dizem que somos feitos de átomos, mas um passarinho me diz que somos feitos de histórias."[1] Escolhi essa frase do escritor uruguaio Eduardo Galeano para começar este capítulo porque acredito nela. E acrescento que muitas dessas histórias, ao contrário do que tentamos fazer parecer nas redes sociais, são de dores. Mas por que escondemos isso no nosso *feed*? Não que as dores não sejam populares. Pelo contrário, o sofrimento atrai engajamento. Mas não é fácil olhar para ele; às vezes, nem é possível. Dói demais. Por isso, em meu trabalho, sempre dispus daquele "minutinho" que se tornava uma hora, porque sabia que buscar ajuda era um ato de coragem e autorrespeito. Dores que se acumulam ficam cada vez mais submersas e, como um iceberg, cada vez mais perigosas.

Eu sabia disso por ser psicóloga, de fato, mas também por ser humana. Ninguém neste mundo tem apenas relatos lindos para contar. Talvez a gente até carregue mais narrativas tristes do que felizes. Muitas delas nos tornam mais fortes, mesmo que nos levem às profundezas do sofrimento. Comigo não foi diferente. Minha dor sempre me definiu e fez parte de um movimento essencial de expressão e validação das minhas emoções e, sobretudo, dos sentimentos das pessoas ao meu redor. Mas não foi fácil reconhecer isso.

"Quais são as suas principais dores?" Foi com essa pergunta que o primeiro dia de aula da especialização em luto me desconstruiu e me fez pensar em como a dor havia moldado a minha vida. Sou a caçula de uma família carioca que passou por vários bairros do Rio de Janeiro até se estabelecer na Barra da Tijuca, Zona Oeste da cidade. Meu irmão, Eduardo, e eu sempre tivemos personalidades bem diferentes: ele, mais calado, introspectivo e fechado; eu, sorridente, alegre, comunicativa. Ainda assim, eu acreditava cegamente que ele seria o meu grande companheiro pelo resto da vida. Sempre fiz de tudo para me adaptar a ele, para respeitar seu espaço e não ofuscar seu brilho. Não porque ele ou qualquer pessoa tivesse me pedido isso; eu simplesmente achei que tinha de ser assim.

Diante disso, eu, observadora de tudo e de todos, desenvolvi ali, sem perceber, a minha estratégia de sobrevivência. Por conta própria me impus algumas regras e comportamentos. Observando o jeito do meu irmão, eu me preocupava em não ser feliz demais, não sorrir demais, para não destoar nem expor excessivamente nossas diferenças. Meus pais se preocupavam com ele, cujo comportamento se tornou ainda mais arredio na adolescência. Ele saía sem dizer para onde ia, nem a que horas voltaria, mas sempre voltava. Na década de 1990, não havia celular e não era possível rastrear os passos dos filhos. Observando a aflição dos meus pais, eu me policiava para não ser mais uma dor de cabeça e, principalmente, para ajudá-los a cuidar de quem mais precisava de atenção. A dinâmica familiar não era fácil, e eu percebia o trabalho que eles tinham para dar conta de tudo.

"Ajudar a cuidar" do meu irmão mais velho nunca foi um pedido dos meus pais. Mas era tudo o que eu queria. E essa foi uma obrigação que me impus e que me fez omitir características próprias e assumir responsabilidades ou papéis que não me cabiam. Eu me adaptei e moldei minha personalidade ao funcionamento do lar onde cresci. É claro que ainda não tinha consciência disso, mas foi assim que comecei a desenvolver o olhar para o outro, que hoje é o recurso de ouro nas minhas práticas e intervenções.

Entendendo o luto

Nós só conseguimos lidar com algo quando entendemos o que é isso. Por esse motivo é tão importante dar luz ao verdadeiro significado da palavra *luto*, que é capaz de sintetizar as dores que vivemos. O luto é um processo natural e esperado frente ao rompimento de vínculos. Pode ser caracterizado também pela construção de novos significados, mas é sempre um processo de transformação que exige que reaprendamos a viver a partir daí. As respostas oferecidas pelo dicionário a respeito do termo e que também fazem parte do imaginário coletivo são limitadas. O luto não se aplica somente à morte de alguém ou à tristeza profunda motivada por um evento extremo. Há uma pluralidade de causas, dimensões e impactos nesse fenômeno. Na verdade, ele é causado por toda e qualquer interrupção brusca de rotina ou de vínculo forte.

Quando isso acontece, a vida conhecida até então é interrompida, ganhando uma nova perspectiva moldada pela dor. E dores não devem ser comparadas. Nem suas causas nem quem as carrega. Não existe dosador de dor. Repetindo: ela é única, como todo e qualquer ser humano. A sociedade pode até tentar organizar e padronizar o luto, mas essa é uma experiência individual, interna, é um mergulho dentro de si. No entanto, todas as formas de luto têm um ponto em comum: a ruptura do mundo presumido, isto é, de como imaginávamos a realidade. Essa "imagem" é diferente para cada um, em função das vivências pessoais. Vivemos e sentimos a mesma experiência de forma múltipla, de acordo com a bagagem, o repertório e a capacidade de cada um. Por isso é um processo tão individual que se manifesta de modo diferente em cada pessoa.

Mas ainda existe uma verdade comum a todos: o luto é o processo mais desorganizador e conflituoso que podemos viver, pois revela e alimenta todas as nossas vulnerabilidades. É uma fratura exposta. O luto nos deixa em carne viva, com a sensação, às vezes até com a certeza, de que não é possível dar conta dessa dor tão grande, que chega sem pedir licença, interrompendo sonhos, desabando projetos, derrubando investimentos emocionais e despedaçando o coração. O luto deixa a alma por um fio e escancara a certeza de que somos seres frágeis. De que essa é a nossa natureza.

Talvez seja possível, de um lugar muito racional, questionar: "Mas, ora, todos sabemos que somos frágeis, que a vida é efêmera e que vamos morrer um dia." Sim, todos sabemos. Mas existe um oceano entre o saber e o sentir. E sentir, sofrer, desorganizar-se não é frescura, nem há sensibilidade de mais.

A professora de psicologia Mary-Frances O'Connor, da Universidade do Arizona, explica, em uma conferência TED, como o luto impacta o nosso cérebro.[2] Nós não simplesmente amamos algo ou alguém; nós criamos uma história e memórias em torno desse vínculo, o que nos proporciona uma sensação de segurança e de afeto. Por isso, segundo ela, nosso cérebro tem um grande problema para resolver quando experimentamos processos de luto. Não à toa o rompimento dói tanto, a ponto de nos consumir e paralisar. O fato é que o luto afeta todas as nossas dimensões:

- *Cognitiva*: desorganização, confusão mental, falta de concentração, déficit de memória, desorientação, negação, alucinação, pensamentos obsessivos;
- *Emocional*: choque, entorpecimento, choro, tristeza, depressão, raiva, culpa, saudade, desamparo, ansiedade, medo, solidão, alívio, irritabilidade;
- *Física*: alterações de apetite, sono, inquietação, visão borrada, falta de ar, palpitações cardíacas, exaustão,

boca seca, perda de libido, dor de cabeça, mudança do metabolismo;
- *Social*: perda de identidade, dificuldade de relacionamento, isolamento social, inveja, sensação de não pertencimento;
- *Comportamental*: hiperatividade, consumo excessivo de álcool, remédios ou drogas, comportamento aéreo, tentativa de contato com a pessoa falecida;
- *Espiritual*: perda ou aumento da fé, raiva de Deus, questionamento de valores e sonhos, sentido de vida e raiva da pessoa que morreu, busca por sinais (músicas, coincidências, comunicação com o falecido, e outros meios de confortar ou amenizar a dor).

Poderíamos dizer que o luto provoca uma pane em nosso sistema operacional e nos obriga a reiniciá-lo, não para continuar funcionando da mesma forma, mas para descobrir uma nova maneira de operar. Passar pelo luto não é uma escolha. Essa experiência de perda nos derruba, nos levanta, nos amargura e nos adoça. Depois dela, não conseguimos mais ver o mundo do mesmo modo. Passamos a questionar tudo — a nos sentir inadequados até com o que nos era familiar, a rever valores, a testar a qualidade dos vínculos. É uma dor que nos faz refletir, nos provoca tristeza, nos instiga raiva e nos obriga a buscar um novo sabor para a vida.

É lógico que um processo tão desorganizador quanto esse não acontece rapidamente. Para Mary-Frances O'Connor, a solução é tentar enxergá-lo como um período de aprendizado. E, para aprender a lidar com a dor da perda, é preciso dar ao cérebro e ao coração o tempo necessário para que compreendam a nova realidade.

O psiquiatra inglês John Bowlby, pai da Teoria do Apego — que explica como os vínculos que formamos na infância moldam nossos relacionamentos e emoções ao longo da vida —, define o processo de luto como um conjunto de sentimentos por vezes conflitantes: há o desejo constante de busca pela figura perdida, o sentimento de culpa e um alto grau de desorientação relacionado à perda. Bowlby também oferece um olhar atento sobre a reorganização das experiências de sofrimento existencial, com a perda se ajustando à vida, e a vida se ajustando à perda.

Eu não poderia deixar Sigmund Freud de fora. O fundador da psicanálise considerava transitórias as nossas experiências e dizia que é preciso aceitar que mudanças inevitavelmente acontecerão, desorganizando até o que consideramos ser perfeito. O "trabalho" do luto, segundo ele, trata de uma necessidade de abrir espaço para o novo, à medida que se rompe um vínculo forte, ainda que isso exija renunciar a aspectos importantes da vida. Assim, novos caminhos podem se tornar um "reinvestimento" do amor, da libido e da energia para novos enfrentamentos no caminhar da vida. E, como sabemos, serão muitos.

O luto nos adoece?

O luto é mais comum do que ousamos imaginar. Provavelmente neste momento, se você não está de luto, existe alguém muito próximo de você passando por esse processo. E não digo isso porque todos nós, inevitavelmente, perderemos alguém que amamos, mas porque, ao longo da vida, passamos por uma média de 20 experiências de sofrimento existencial, dor, perda ou luto. Ainda assim, não somos capazes de nos preparar para isso. Após um rompimento de vínculo forte, somos obrigados a reaprender a viver sem aquele laço mantido por anos, às vezes décadas. No entanto, nunca fomos educados ou incentivados a lidar com a dor, qualquer que seja ela.

Quem quer falar sobre isso? Quem é que tem vontade de visitar a própria dor, escondida em algum canto do peito? Pelo contrário, nós buscamos e somos encorajados a exercer uma positividade tóxica, de exigências sobre-humanas de felicidade e produtividade, alimentando tabus e adoecimentos. E, também, não podemos esperar receber ajuda para lidar com as dores. Afinal, quem quer olhar para o enlutado, esse sujeito atolado em sofrimento? Não há espaço para isso em casa, muito menos no trabalho. O que resta é um enorme silêncio, que pode ser sufocante.

Do lado de quem vive o luto, há a vergonha por sentir tanto, além da obrigação, autoimposta ou não, de se "ajustar" ou se "adequar" socialmente ao ambiente. Do lado oposto, há a repulsa ou a dificuldade de lidar com aquela dor exposta do outro, que se conecta, de alguma forma, com a dor escondida no próprio peito, em um local cancelado dentro de si mesmo. E, nessa eterna falta de espaço, adoecemos. O luto nos faz enfrentar, portanto, duas dores dilacerantes: a perda do vínculo e a indiferença ao que sentimos.

A já mencionada psicóloga Gabriela Casellato costuma dizer que "o que nos adoece não é o luto, mas sim a impossibilidade de expressá-lo, compartilhá-lo, validá-lo".[3] O luto em si não é uma doença. Luto não é estresse, burnout nem depressão, ainda que muitas vezes os sintomas se confundam. No entanto, o luto é, sim, capaz de desencadear um processo de adoecimento que, com o decorrer do tempo, pode tomar proporções gigantescas, até mesmo físicas. Isso porque o que não é dito pode gerar uma inflamação.

O entendimento real e sistêmico sobre o que o indivíduo está efetivamente vivendo exige conhecimento sobre a história dele, daí a importância do acompanhamento preventivo. Chegar a um diagnóstico nunca é simples. Não é simples para o médico, não é simples para o psicólogo nem tampouco para o líder em uma empresa. Às vezes, nem mesmo o indivíduo consegue identificar de onde vêm os primeiros sintomas ou as queixas iniciais. Por isso, invariavelmente, quando chega a pedir ajuda, o cenário é de extrema urgência.

Hoje em dia, um grande desafio a enfrentar é o excesso de medicalização. Em inúmeros casos, o sintoma é uma tristeza revelada por uma perda ou um luto iminente. Mas, infelizmente, vejo profissionais que preferem o caminho mais curto, ou seja, o do remédio, em vez de ensinar ao paciente em dor que é necessário sofrer sem, necessariamente, ser diagnosticado com depressão ou ansiedade. A única forma de darmos um novo significado às nossas experiências de luto é atravessando-as, e não mascarando-as com rotas de fuga ou atalhos. Não é possível lidar com as nossas dores assim.

CAPÍTULO 4

Tipos de luto

A maioria das pessoas ainda associa o luto exclusivamente à morte propriamente dita, mas o conceito é bem mais amplo. Hoje considera-se luto todo processo natural gerado pelo rompimento brusco de qualquer vínculo forte, o que se repetirá inúmeras vezes ao longo da vida. Desde a tenra idade, estamos expostos a situações que geram rompimento de vínculos e dão início a processos de luto, com todas as suas nuances. Para além da perda de alguém que amamos, há muitas outras circunstâncias que integram o grupo de "lutos não reconhecidos", assim designado porque não há — nem em nós, nem na sociedade, nem nas organizações — espaços seguros de expressão e validação dos sentimentos desencadeados por esses rompimentos.

O luto se caracteriza por uma dor que desperta na pessoa o sentimento de inadequação social, já que o rompimento do vínculo provoca uma desconexão com a realidade, desencadeando perda de identidade, sonhos, crenças, status etc. Assim, tal sensação vem à tona com a morte de um ente querido, mas também em situações como divórcio, aborto, expatriação, perda de um pet, demissão, diagnóstico grave, síndrome do ninho vazio, infertilidade, entre outros. Quando um vínculo desse tipo se rompe, entra o imponderável, as fatalidades, e a dor nos inunda de uma forma difícil de explicar ou entender, estimulando o surgimento de um intenso sentimento de isolamento.

Morte

De todos os processos de luto, o que decorre da morte propriamente dita é, sem dúvida, o mais reconhecido. Não há nada mais desestabilizador do que a morte. Pensar em perder pessoas que amamos ou imaginar a própria partida é assustador. Falar sobre o tema sempre foi tabu porque a morte ainda é um tabu, ainda que não exista nada mais sonoro em nossa vida. Engolimos o choro, o medo, as palavras, o cuidado diante dela. É absolutamente desorganizador pensar na possibilidade de perder — ou mesmo deixar — as pessoas que amamos. Quando passamos por isso, (re)descobrimos nosso medo universal da morte, que é também a porta de entrada para outros medos — de desamparo, de abandono, de ameaças e inseguranças.

Não vemos a morte da mesma forma como enxergamos o nascimento. Nascimento é vida; morte é perda. Não traz nenhuma recompensa — pelo contrário, sabemos que vamos morrer e não podemos controlar esse momento. Tudo o que podemos fazer é torcer para que demore a chegar. A morte se apresenta de forma diferente para cada um de nós, fomentando diversos significados e compreensões. Lidamos com ela da forma como conseguimos e como nos ensinaram. As crianças, por exemplo, veem a morte através do olhar de seus cuidadores adultos.

Para deixar de lado o desconforto causado pela morte, é preciso falar sobre ela. Reitero que "dor compartilhada é dor diminuída", pois só assim podemos derrubar o tabu e a ideia de que a morte é um problema a ser resolvido. Quando conseguimos superar esse impulso para solucioná-la, chegamos a outro entendimento: a morte é parte inevitável do nosso destino e essa experiência nos constitui enquanto seres humanos.

Todos nós temos uma história de perda que nos abalou. A minha aconteceu em 1995, o ano que prometia ser um novo capítulo para a minha família, já que meu irmão e eu estávamos prestes a entrar na faculdade. No entanto, nossos planos, assim como a nossa rotina, foram interrompidos antes mesmo de começarem a se realizar. Na manhã do dia 5 de junho, eu estava na casa de uma das minhas melhores amigas quando o telefone tocou. Era minha tia, pedindo que eu fosse para casa imediatamente. Tudo que ela me disse foi que meu irmão não havia retornado no dia anterior. Como eu disse, embora muitas vezes ele saísse sem avisar, sempre voltava e dormia em casa.

Sabíamos que ele fazia parte da torcida organizada do Fluminense e treinava jiu-jítsu em uma academia da região. Mas não sabíamos muito mais, pois os amigos dele não frequentavam a nossa casa, ao contrário das minhas amigas, que viviam por lá. Além disso, as notícias não corriam com tanta velocidade como hoje. Após o telefonema de minha tia, minha amiga resolveu me acompanhar até em casa, pois percebeu a gravidade da situação. No caminho, saindo do túnel que liga a Gávea à Barra da Tijuca, notamos uma movimentação incomum, envolvendo helicóptero, bombeiros, polícia e fechamento de ruas. Eu não tive coragem de dizer em voz alta o que a minha intuição gritava: "É o Edu!"

Meu pai não estava em casa quando cheguei. Ele e um tio meu haviam saído à procura do meu irmão. Minha mãe, cercada de parentes e amigos, chorava. Eu pedia explicações e não me contentava com elas. Falavam em afogamento. Eu insistia. Não era possível. Como? Ele sabia nadar. Só mais tarde me contaram a verdade: Eduardo fora assassinado. Daquele dia em diante, tudo mudou. Nada foi como deveria ser — ou como achei que seria. Até ser alvejada com aquela pergunta no primeiro dia de aula da formação em especialização em luto — "Quais são as suas principais dores?" —, eu nunca havia me dado conta da dimensão e da profundidade do meu luto. Nunca o tinha analisado com olhos técnicos, nem captado sua influência sobre as minhas escolhas e decisões, não só naquela época, mas até hoje.

Meus pais e eu tivemos acesso a uma extensa rede de apoio. O luto do irmão é considerado "não reconhecido" justamente pelo pouco espaço reservado na sociedade para se vivenciar esse sentimento. Afinal, nesse momento, o protagonismo é todo dos pais, que enfrentam o maior sofrimento existencial possível. No entanto, a relação entre irmãos costuma ser o vínculo mais duradouro de nossa vida: é considerado uma relação permeada, em geral, por muito afeto e sensação de segurança. A perda de uma relação como essa vai além da dor física e da total desorganização mental. Ela vem repleta das tais "perdas secundárias", todas aquelas coisas que esperávamos viver, mas não poderemos mais.

Quando perdi meu irmão, comecei um processo terapêutico do qual tenho pouca lembrança. Ingressei na terapia sem entender ao certo como aquilo poderia me servir. Hoje me questiono sobre o que teria sido de mim sem aquele acompanhamento — um espaço seguro para despejar o meu choro e todas as dúvidas e questões que me assombravam — mesmo que na época não imaginasse a eficácia e a eficiência que teria em minha vida. E, acredite, eram muitas as minhas dúvidas e questões:

- O que fazer com a morte e, ao mesmo tempo, o que fazer com a vida?
- Como conviver com o vazio deixado por aquele ser único e amado que não está mais aqui?
- Como viver sem a sua companhia?
- Como ser filha única após 17 anos?
- Será que serei uma filha boa o suficiente a partir dessa tragédia?
- Será que conseguirei ocupar o espaço dessa dor?
- Será que poderei suprir a dor dos meus pais?

- Por que não eu?

"Por que não eu?" é uma das perguntas mais frequentes quando se perde um irmão. É o que chamamos de "culpa do sobrevivente". Por mais absurdo ou sem lógica que possa parecer, o "irmão que fica" tem a vida marcada por um ofuscamento, um sentimento de culpa por ter sobrevivido. Além da dificuldade de expressar a minha dor, eu vivia com a sensação de impotência por não ser capaz de "suprir" a ausência do meu irmão. Eu nunca tive dúvidas de que, se fosse uma opção, eu certamente teria ido no lugar dele. E como é que se segue em frente assim? Como for possível.

A vida se ajusta à perda e a perda se ajusta à vida. Não é do dia para a noite, nem em um mês, nem em um ano. Não me esqueci do meu irmão nem da minha dor. Só tentei seguir em frente como consegui. Aquela pergunta, na primeira aula da formação, me colocou frente a frente com o luto, ainda vivo em mim. O luto é um convidado inesperado que invade a nossa rotina e, abruptamente, nos recorda de tudo que tentamos esquecer, da dor que segue viva, da batalha para fechar a ferida. A morte do meu irmão deixou um vazio na nossa família e precedeu sua completa desconstituição. Não perdi somente um irmão. Em um ano, minha família deixou de existir.

Divórcio

Muitos anos depois, há uma nova situação traumática. Lembro como se fosse hoje, como se assistisse à cena de um filme conhecido. Acordei com um barulho na cozinha. Meus filhos Laura e Rafael já se aprontavam para as suas atividades. Olhei o relógio e vi que estava chegando a hora da segunda mamada do bebê, então peguei-o no berço e fui tomar o café da manhã em família.

As cadeiras da mesa de jantar não eram próprias para amamentação, nem tinham braços que pudessem me dar algum apoio. Acomodei-me da melhor forma que consegui, ajeitando o João no meu braço esquerdo para priorizar o conforto dele, ainda que isso exigisse de mim mais esforço. Ele logo agarrou o seio, não demonstrando qualquer incômodo. Eu também estava com fome e, ao me preparar para passar a manteiga no pão, percebi que o meu braço direito não se mexia. Tentei de novo. E de novo. Nada. Nenhum movimento. Meu braço continuava inerte, imóvel, estático, colado ao corpo, parecendo morto.

Lembro-me de olhar para o meu bebê, mamando tranquilamente, e para os meus filhos mais velhos, hipnotizados por alguma história que o pai contava. Ninguém percebia o que estava acontecendo comigo. Eu não tinha forças para pedir socorro nem para sair daquela paralisia. "Como vou passar manteiga no pão?", perguntava-me, sentindo-me cada vez mais isolada, sozinha, impotente, dilacerada.

Afinal, o que estava acontecendo comigo? Eu estava me divorciando e aquela era a manifestação do luto, esse convidado inesperado e inadequado que sempre encontra caminhos para nos recordar do que queremos esquecer, para escancarar a dor que buscamos a todo custo esconder. Naquele momento, o meu corpo transbordou o que latejava em mim sem que ninguém mais percebesse. Uma dor crua e paralisante. A mais pura expressão do meu choque e do meu entorpecimento emocional.

O divórcio é mais um exemplo de luto individual não reconhecido. É frustrante: sonhos se desintegram, culpas aparecem, dores (inclusive físicas) se multiplicam, perdas fazem fila. O que perdemos quando uma dinâmica familiar é abalada? Ora, não é só o vínculo, o laço ou a companhia que se vão. É a identidade, a referência, a rotina, uma parte importante da convivência com os filhos, com os amigos, os bens materiais, o status, os planos, a autoestima, entre outras perdas secundárias.

A dor gerada pelo rompimento de vínculo em um divórcio se espalha por todo o núcleo familiar, afetando aqueles que mais amamos. Para além do casal, o divórcio também é sentido pelos filhos, frutos desse relacionamento, que, de uma hora para outra e sem que tenham voz ativa sobre a situação, têm a sua rotina completamente desestruturada. Ainda que o vínculo com os filhos se mantenha após o divórcio, não há como negar que a rotina e a relação mudam. É um processo desorganizador. Vive-se um luto.

Não é o divórcio em si o causador das complicações emocionais na vida dos filhos, e sim as circunstâncias da separação, bem como a comunicação entre os pais ou cuidadores. Quanto aos filhos, eles sempre querem ver e ter os pais juntos, e a dor os atinge não importando a idade. Quando meus pais se separaram, eu já não era criança. Ainda assim, e principalmente por isso, fui perturbada por essa situação desorganizadora e a profusão de emoções decorrente dela. Eu, que já tinha visto minha realidade mudar da noite para o dia com a morte do meu irmão, assisti à tentativa de uma nova dinâmica familiar se dissolver de novo. Não éramos mais três. Era eu e meu pai; ou eu e minha mãe. Um ou outro.

"Como vou cuidar de três crianças?", eu me perguntava. Silenciosamente, pensei em tudo, em todos, menos em mim. Não podia ir para a cama e chorar tudo o que precisava. Não podia ser a mocinha da novela que quebra tudo o que tem por perto. Eu tinha que dar conta da situação pelos meus filhos. Eu precisava cuidar deles e calar a voz que indagava quem iria cuidar de mim. Para sobreviver, entendi que seria preciso sufocar o que sentia e focar na reorganização da vida com o mínimo de impacto possível aos meus filhos.

Ironia do destino, pouco antes de me afastar da minha formação de luto para ter meu terceiro filho, eu havia mergulhado, ao longo de um ano, em uma pesquisa sobre luto no divórcio. Na época, uma das professoras, a psicóloga Valéria Tinoco, chegou a escrever em um trabalho meu: "O 'saber' não nos imuniza contra a dor, não é?". Não, o conhecimento não nos preserva da dor. Eu sabia disso. Já tinha vivido outros lutos, já tinha estudado o assunto. Contudo, naquele momento, na sala da minha casa, sem conseguir passar a manteiga no pão, me senti a pessoa mais solitária do mundo, carregando uma dor invisível e intransponível.

Mergulhada em estudos sobre o luto para finalizar minha formação, eu me sentia inundada por uma exaustão provocada pela possibilidade da separação. Vivia na pele não só os relatos de outras mulheres, incluindo os da minha mãe, mas o meu também. Já não era a psicóloga, já não era só a dor da filha; eu era a esposa, a mulher se despedaçando e, literalmente, imobilizada.

Desligamentos

Processos de desligamento do trabalho também são considerados rompimentos de vínculos. Machucam e impactam diretamente o sistema familiar daquele que está sendo dispensado, muito vezes um arrimo de família. As justificativas para a demissão são as mais variadas: uma função que ficou obsoleta, um problema grave de comportamento, alguma ineficiência na entrega de resultados, corte de custos, mudanças, ou até mesmo desculpas esfarrapadas, decorrentes de não se realizarem feedbacks dignos que permitam ao indivíduo tentar segurar aquele "gato que está subindo no telhado".

A boa comunicação sempre foi um fator de proteção nos processos de luto e, nesse caso, determina o modo como o indivíduo vai atravessar o período de desemprego. É natural termos tanta dificuldade para demitir pessoas. Mas, por mais cruel que seja o motivo, a qualidade do cuidado e do trabalho prévio ao desligamento costuma trazer certo alívio para quem tem de tomar essa decisão.

Além de a forma de fazer o desligamento ser absolutamente importante no processo, outros fatores são chave para que a organização devolva o colaborador à sociedade o menos desorganizado possível. A qualidade dessa conversa e a coerência da narrativa a ser apresentada visam acolhê-lo nesse momento delicado. Oferecer benefícios nesse pacote de desligamento também pode humanizar a relação que, a partir de então, se transforma. Esse apoio diz muito sobre o gestor e a reputação da empresa. E não só para o público externo, mas também para os colaboradores que ficam, que podem admirar a qualidade do cuidado na demissão ou pensar, ao verem nela uma mensagem desrespeitosa: "No dia que for comigo, vai ser esse show de horrores também."

Aborto espontâneo

Talvez este seja um dos lutos não reconhecidos mais frequentes e desprezados que se pode viver. Quando o resultado do exame de sangue confirma a gravidez, a família já começa a sonhar. Pensam no nome da criança, fazem planos, imaginam o quarto, o rostinho, o cheirinho. No entanto, a sociedade é bastante fria e pouco acolhedora com a família que sofre um aborto espontâneo, e muitas vezes as pessoas mais próximas parecem fazer parte desse coro.

Frases de "consolo" — "Bola pra frente", "Não era para ser", "É mais comum do que você imagina", "Logo, logo, vocês tentam de novo" — nos fazem ter vergonha do que sentimos, de não sermos capazes de, simplesmente, "deixar para lá". Em 2020, uma matéria do portal *G1* contou a história de Maria, cujo sonho foi interrompido a três dias da data marcada para o parto do filho.[1] Ela caiu e perdeu o bebê. O pai ainda tentou registrar a criança com o nome escolhido, mas o cartório se recusou. Nesses casos, segundo a lei, na certidão deve constar somente a palavra "natimorto", designação conferida ao bebê que morre dentro do útero materno ou no parto.

— Num momento de tanta dor, não questionamos, mas, esse tempo todo, sempre me emocionei me lembrando dele, ao ver os registros — contou Maria à reportagem do *G1*. — Ele tinha tudo para nascer, tinha quarto e tudo. Por que não ter um nome?

Essa mãe não conseguia se conformar. Quando o filho mais velho nasceu, ela tatuou seu nome, Leonardo, na própria pele.

Queria fazer o mesmo com o nome do caçula, mas não podia. A sociedade arrancava-lhe a maternidade de Gabriel. Demorou uma década, mas ela reverteu a situação. Em 2020, Maria conseguiu na Justiça o direito de alterar o registro do filho, conquista determinante para o processo de elaboração e para reconhecimento e superação da dor.

A juíza Andréa Epaminondas Tenório de Brito, da 12ª Vara da Família e Registro de Recife, foi a responsável por resgatar, em sua sentença, a humanidade que nos falta para reconhecer lutos como esse: "O sofrimento vivenciado por uma mãe em decorrência da morte de um filho é decerto um dos sentimentos mais lancinantes, algo sobremaneira intenso, sendo o deferimento da medida aqui perseguida um gesto de solidariedade e ínfima tentativa de mitigação de uma dor tão pungente."[2] Esse episódio só confirma a ideia de que, para que o luto não se transforme em doença, são necessários protocolos de humanização.

Luto antecipatório

Outra forma de luto não reconhecida pela sociedade, mas cada vez mais presente em nossa vida, é o luto antecipatório, que desperta uma série de sensações e emoções frente à ameaça real de rompimento de um vínculo, afetando uma ou várias dimensões do indivíduo. O termo foi cunhado pelo psiquiatra germano-americano Erich Lindemann, especializado em luto, a partir do sofrimento das esposas dos soldados durante a Segunda Guerra Mundial. Nesses casos, os sintomas e as manifestações do processo de luto começavam antes mesmo de uma perda concreta.

Causas diversas podem levar alguém a vivenciar o luto antecipatório. Pode ser, por exemplo, a notícia de um iminente corte de pessoal na empresa, a proximidade da aposentadoria, um diagnóstico de transtorno que comprometa completamente a rotina, como o autismo, ou o diagnóstico de uma doença grave que ameace a continuidade da vida. Em qualquer uma dessas situações, o mundo conhecido até então está em risco, exigindo uma reorganização e até o exercício de imaginar uma nova realidade.

— Parece que estou me afogando numa série de ondas gigantes que tiram o meu fôlego, causando ânsia, náuseas, dormência e uma exaustão sem fim — descreveu um líder, pai de dois filhos pequenos, durante reunião na empresa com seu time.

Ele decidira reunir seus nove especialistas em uma sala para compartilhar a notícia de que estava com uma doença terminal. Diante de um diagnóstico com tamanha gravidade, recebido por nós ou por alguém que amamos, nos deparamos com o inexorável fim. E quem consegue trabalhar "inteiro" assim? A pessoa bate cartão no serviço, mas não está presente. Realiza suas atividades tentando dar conta de tudo, porém não como antes, porque não é uma máquina, é um ser humano sendo assombrado por uma dor.

Situação semelhante experimentou o executivo de uma empresa em que conduzi a capacitação com 40 lideranças. Na ocasião, abordei a importância de uma conexão mais profunda entre os colaboradores e como ela pode reverberar positivamente no trabalho. Num dado momento, ele levantou o braço, pediu a palavra e disse:

— Turma, eu queria aproveitar e contar para vocês que, na semana passada, recebi o diagnóstico de que o meu filho é autista.

Até aquele momento, ninguém sabia de sua busca por respostas a respeito dos desafios que o filho enfrentava. Fazia cinco anos que ele vivia em aflição, disfarçando o medo que sentia. Ao se apresentar, finalmente, como era, o alívio tomou conta de seu rosto. Seus pares reagiram com surpresa, por não saberem o peso que ele carregava, os problemas por que passava na vida pessoal. Ficou perceptível então que um sentimento comum percorreu aquele grupo, como se todos dissessem: "Trabalho com você há anos e não podia imaginar que você passava por isso."

Lutos coletivos

Embora a dor e suas reverberações sejam sempre únicas, pois cada um experimenta o luto a seu modo, nem sempre ele é uma experiência individual. Às vezes, esse processo é vivido em grupo, o que chamamos de "luto coletivo". Trata-se do resultado de acontecimentos impactantes, em menor ou maior escala, como a perda de pessoas famosas, acidentes, catástrofes de causas naturais e até crises sanitárias.

O luto coletivo apresenta três características essenciais: mortes em massa, sobreposição de perdas e fim do mundo presumido. E esbarra em nossas dores, abrindo, eventualmente, feridas aparentemente cicatrizadas e invadindo a nossa dimensão íntima e pessoal. Daí a ampliação da nossa função reflexiva sobre a impermanência, sobre a finitude, sobre a total falta de controle sobre a vida, sobre a qualidade de nossos vínculos, sobre as nossas escolhas, nossos propósitos e sonhos.

Pessoas famosas

A morte de uma pessoa famosa gera uma comoção que vai além da quebra do vínculo de um fã — seja devido a um acidente, como se deu com o piloto de Fórmula 1 Ayrton Senna, em 1994, e a cantora de sertanejo Marília Mendonça, em 2021; por conta de doença, como aconteceu com o comediante Paulo Gustavo, em 2021, vítima de Covid-19, ou com o rei do futebol, Pelé, em 2022, por complicações decorrentes de câncer, ou com a cantora Rita Lee, em 2023, também vítima de câncer; ou mesmo por complicações da idade, caso da rainha Elizabeth II, falecida em 2022.

Esses acontecimentos escancaram a nossa dificuldade de lidar com a finitude e a fragilidade da vida, lançando-nos em uma situação que o cérebro odeia: a incerteza. É o que chamamos de "fim do mundo presumido". Para entender melhor o conceito, voltemos à morte de Elizabeth II, cujo reinado durou 70 anos.

Podemos seguramente dizer que muitos de nós desconhecemos o mundo sem ela. Há, nesse caso, uma sensação coletiva de intimidade, não só pelo que ela representava, mas também pela quantidade de informações conhecidas sobre ela e a sua família.

A monarca britânica faleceu aos 96 anos, não sem antes planejar pessoalmente cada detalhe do próprio funeral — comportamento que poucos adotam por ser difícil lidar com assunto tão indigesto. Embora sua saúde debilitada fosse amplamente conhecida e ela mesma estivesse consciente da proximidade do fim, sua morte causou choque em todo o mundo, surpresa e tantas outras emoções. Isso só prova quanto ainda lidamos mal com a morte.

De repente, um mundo sem esse ícone nos causa estranheza e insegurança, nos deixa em estado de alerta. Somos colocados diante de um vazio comum a todos e entramos em contato com uma parte da nossa história e, ao mesmo tempo, uma parte importante de nós que não voltará.

Acidentes

Grandes acidentes, como quedas de avião, estão entre os lutos coletivos, sobretudo pela característica de mortes em massa. Dois casos emblemáticos chamam atenção por terem apresentado desdobramentos ligeiramente diferentes: a queda do voo AF 447, na noite de 31 de maio para 1º de junho de 2009; e a queda do avião da Chapecoense, em 28 de novembro de 2016. No primeiro caso, o avião seguia do Rio de Janeiro para Paris com 228 pessoas a bordo, quando caiu no Oceano Atlântico. Todos morreram. Desses corpos, 74 nunca foram resgatados, tendo ficado para sempre no fundo do mar. A dor sentida pelos parentes e amigos das pessoas que não puderam ter seus corpos resgatados é a mesma sentida por aqueles cujo ente querido desaparece repentinamente sem deixar vestígio.

No caso da queda do avião que transportava o clube brasileiro Associação Chapecoense de Futebol da Bolívia para a

Colômbia, com 77 pessoas a bordo — entre as quais os atletas, a equipe técnica e a diretoria do time, além de jornalistas e convidados —, 71 morreram. O acidente causou comoção mundial e extrapolou as fronteiras de Chapecó, cidade de Santa Catarina, e do futebol. Mas o que o torna diferente do AF 447 são os seis sobreviventes. Seis indivíduos que seguem a vida com um evento em comum na lembrança, mas uma dor única e formas igualmente singulares de atravessá-la.

Sempre que um evento desse tipo ocorre, uma rede se forma para ajudar, para sentir e se solidarizar. Os traumas coletivos têm esta característica: atingem os tecidos da vida social e provocam grande comoção e mobilização. Ainda assim, não percamos de vista: *a dor é individual*. Você já se perguntou quantas pessoas passaram a ter medo de viajar de avião após esses episódios? A elaboração do luto se faz de acordo com a capacidade de cada um, influenciada por uma série de fatores, como a qualidade e as características do vínculo, além dos sentimentos que emergem com a perda, como culpa, raiva ou medo.

Catástrofes ambientais

A Associação Americana de Psiquiatria (APA – American Psychiatric Association, em inglês), uma das mais influentes associações do gênero no mundo, há alguns anos faz alertas sobre o impacto das mudanças climáticas na saúde mental das pessoas. Luto climático, luto ecológico ou ecoansiedade são caracterizados por incêndios florestais massivos, ondas de calor, secas, enchentes, tornados e projeções científicas sobre o planeta. Um estudo publicado em 2018 na revista *Nature Climate Change* projetou que o aumento do calor climático poderia contribuir para um total de 9 mil a 40 mil suicídios adicionais nos Estados Unidos e no México nos próximos 25 anos, taxas essas comparáveis ao impacto estimado de recessões econômicas, programas de prevenção ao suicídio ou leis de restrição de armas.[3]

Tais eventos nos colocam em luto principalmente por conta da sobreposição de perdas daí advindas. Em Petrópolis, no Rio de Janeiro, um menino de três anos se desespera cada vez que olha para o céu e avista nuvens carregadas. No verão de 2021, ele e os demais moradores da cidade perderam amigos, familiares, bens e a tranquilidade. Os deslizamentos causados por um forte temporal deixaram feridas que se manifestam ao menor sinal de chuva. A manchete do jornal *O Estado de S. Paulo* que traz essa história menciona que as crianças de Petrópolis vivem sob trauma.[4] Como já dito, embora o luto em si não seja uma doença, pode desencadear doenças e transtornos. E tudo indica que essas crianças podem sofrer de transtorno de estresse pós-traumático, ativado sempre que algo é associado ao drama vivido anteriormente.

Outra tragédia ambiental que causou um impactante luto coletivo foi o rompimento da barragem de rejeitos da Mina Córrego do Feijão, da mineradora Vale, em Brumadinho, Minas Gerais, às 12h28 — hora do almoço — do dia 25 de janeiro de 2019. O refeitório da empresa de mineração estava lotado. A onda de rejeitos de minério de ferro engoliu tudo: a área administrativa, parte das comunidades locais, a vegetação, parte da bacia do rio Paraopeba. Em números oficiais, foram 270 mortes. No entanto, se pensarmos em "vidas atingidas", o número é muito maior, pois precisamos considerar todas as pessoas cujos vínculos e rotinas foram terminantemente dilacerados daquele dia em diante. Em geral, para cada pessoa que morre, outras 15 do seu círculo social apresentam sintomas agudos de luto.

Cheguei a Brumadinho oito meses após o rompimento da barragem para integrar uma equipe da empresa que ensinava práticas de autocuidado com a finalidade de ajudar no resseguramento emocional dos colaboradores e de suas famílias. Ou seja, a equipe tinha a missão de proporcionar segurança e confiança emocional, visando aliviar a ansiedade daquelas pessoas. As questões eram inúmeras.

- Como reconstruir o laço de confiança com a empresa?
- Como elaborar a interrupção precoce de uma vida?
- Como elaborar mortes percebidas como desnecessárias ou evitáveis?
- Como trabalhar todas as questões pendentes em uma relação que deixou de existir?
- Como retomar a rotina?
- Como lidar com o sentimento de injustiça e de impotência?

Algumas famílias não tiveram a chance de enterrar os corpos de seus entes queridos, o que prejudica profundamente o processo de luto. Rituais, como o enterro ou a cremação, são considerados um fator fundamental de proteção na travessia da dor por terem algumas funções:

- reconhecer a inevitabilidade da morte;
- inaugurar o processo de luto;
- confirmar a concretude da morte e da nova condição de vida, com a despedida definitiva da pessoa amada.

Em 2024, acionada por um cliente, realizei alguns trabalhos de acolhimento on-line às vítimas das enchentes no Rio Grande do Sul, ocorridas entre abril e maio daquele ano e consideradas pelo governo gaúcho a maior catástrofe climática da história do estado. Num dos encontros, depois que contei como a nossa dimensão espiritual e existencial é afetada nas situações de luto e trauma, uma colaboradora pediu a palavra e, emocionada, apresentou-se e disse:

— Sou de Canoas, estou cheia de culpa e me sentindo muito impotente porque minha cidade foi destruída e "só" me falta água. Mais nada. Estou segura em casa. [Silêncio.] Mas minha maior preocupação hoje é me dar conta de que minha vida nunca mais será a mesma, que a minha cidade nunca mais será a mesma, meus sonhos foram embora, perdi minha identidade, lojas, supermercados, bancos, nada mais na minha cidade vai ser como era antes. Mas como fica a minha perspectiva, como ficam meus sonhos? Como eu posso sonhar se não consigo visualizar como vai ser isso amanhã? Existe um debate sobre as questões climáticas acontecendo e parece que nós, enquanto sociedade, ainda não nos mobilizamos. A natureza está aí respondendo raivosamente às nossas negligências com o meio ambiente, as chuvas não vão parar, nós sabemos. Como vai ser viver neste mundo? Meu sonho sempre foi ser mãe. Como posso ser irresponsável e colocar um filho no mundo? Como vai ser?

Dessa vez, o silêncio foi mais longo. Estávamos diante de uma menina de 22 anos, com uma lucidez impressionante, pedindo uma resposta como quem pede socorro: quem sou eu depois dessa tragédia? O que será de mim? Como volto para o trabalho a partir desse sofrimento existencial?

Eu precisava acolhê-la. Respirei fundo algumas vezes, disse que sentia muito pelo que ela estava passando, que agradecia seu depoimento corajoso e que me faltavam palavras para expressar meu pesar. Novo silêncio, dessa vez com a potência de ver a teoria caminhar ao lado da prática, os conceitos sobre o luto ao lado do acolhimento real, na prática, ainda que virtualmente. Confirmei que o que ela vivia era uma repercussão do luto coletivo recente e de uma atualização da identidade. E acrescentei que aquele espaço era seguro, reservado, e que ali era permitido se emocionar, dado o drama pelo qual aquela equipe estava passando.

Quanto mais tempo ficamos expostos a uma crise e à insegurança, sem respostas que ofereçam controle, maior a chance de desenvolvermos complicações emocionais.

Crises sanitárias

Quando os governos estaduais decretaram isolamento social devido à Covid-19, em março de 2020, a sensação era a de ter caído dentro de um filme de catástrofe, sem possibilidade de pausar nem acelerar as imagens. No entanto, diferentemente do que acontece nos filmes, até mesmo o presidente dos Estados Unidos estava rendido, apesar de ter uma equipe multidisciplinar pensando e desenvolvendo soluções. O mesmo aconteceu com a OMS, com o chefe ou CEO de uma empresa, com o médico num hospital de ponta, com o pai, a mãe ou o(a) companheiro(a).

Cada um fazia o que podia, mas nada era suficiente. A calamidade vista do lado de fora encontrava paralelo também dentro de casa. A rotina implodiu. Famílias foram obrigadas a conviver, a dividir e a negociar o espaço doméstico, muitas vezes sem experiência alguma nisso. O lar virou trabalho, escola, cinema, academia de ginástica, tudo. Quem morava sozinho viu a solidão preencher cada cômodo da casa. A pandemia de Covid-19 fez a morte bater à porta, rompeu vínculos e nos colocou em crise. Quer dizer, em crises. No plural.

Quando abordamos o luto coletivo, mencionamos suas três características essenciais. Nas histórias desse tipo de luto vistas até aqui e ocorridas em território nacional, sempre havia uma característica mais forte que as outras. Já na pandemia de Covid-19, as três características foram muito marcantes:

- *Mortes em massa*: poderia dizer que a sociedade inteira sentiu dor simultaneamente, mas foi muito mais que isso. Foi a humanidade inteira, todas as sociedades.
- *Sobreposição de perdas*: vivemos o cenário mais perturbador e ameaçador possível. De um lado, a ameaça à vida, ao trabalho, ao direito de ir e vir, à identidade individual, a uma rotina digna. De outro, a desestruturação da economia, da política, do sistema de saúde, das redes de ensino.
- *Fim do mundo presumido*: em 31 de dezembro de 2019, como em todos os anos, a maioria das pessoas listou suas promessas ou expectativas para o ano seguinte. Em menos

de três meses, porém, aqueles sonhos foram interrompidos. Todas as imagens projetadas sobre o futuro ou as metas traçadas se dissiparam no ar quando o mundo parou.

O sentimento coletivo era de pânico. Não é de estranhar que a pandemia e o isolamento social tenham aumentado a angústia das pessoas. O adoecimento mental se fez presente.

Luto social

O luto social é caracterizado por uma dor que se estabelece a partir de um contrassenso que fere as relações humanas e a nossa própria humanidade. É o caso do racismo, do feminicídio, do machismo, da homofobia e da transfobia, além de todo e qualquer crime de ódio que perpasse nossa saúde mental. Essas dores estão vivas nas vítimas e marcam suas trajetórias, ainda que não as definam.

Não há como negar, por exemplo, que a raça ou a orientação sexual influenciam a jornada de uma pessoa — pelos preconceitos vividos, a violência a que estão expostos e outros registros psíquicos acumulados ao longo da vida. A falta de aceitação, seja pelo próprio indivíduo durante determinado período, seja por parte da família, por colegas de trabalho e pela sociedade, não deve ser menosprezada. Certamente uma maior consciência sobre essas questões pode ajudar a construir ambientes menos adoecidos e tóxicos.

Recordo-me do caso de um líder que escondeu quem era por medo de comprometer a carreira. Sem referências LGBTQIAPN+ na alta gestão, silenciou sua identidade e enfrentou dificuldades em relacionamentos interpessoais e na preservação da própria saúde mental. Atualmente trabalhando em uma empresa comprometida em promover um ambiente seguro para profissionais LGBTQIAPN+, esse executivo se sentiu confortável para falar de suas dores dentro e fora das fronteiras da companhia. Em várias empresas, há cada vez mais iniciativas voltadas para a segurança física e psicológica dos funcionários, como os programas abrangentes de Diversidade, Equidade & Inclusão (DEI), que levam em consideração não só a história pessoal das pessoas, mas também as barreiras estruturais da nossa sociedade. É uma boa notícia, mas ainda há muito que caminhar sobre a promoção desse tema.

Transtorno de luto prolongado

Nos anos 1990, por não se conformar que as características de um luto prolongado pudessem ser chamadas apenas de "tristeza", a psiquiatra epidemiologista Holly G. Prigerson, diretora do Centro Cornell de Pesquisa, nos Estados Unidos, resolveu investigar mais a fundo o assunto. É claro que, em meio a tanta desordem interna na pessoa enlutada, existe também o sentimento de tristeza. Mas Holly Prigerson e seus colaboradores descobriram que aí coexistem outros sintomas que afetam a saúde mental e física, podendo gerar complicações que vão desde pressão alta até ideações suicidas. Surgiu, então, o conceito de transtorno de luto prolongado.[5]

Pelo impacto severo que provoca na vida do indivíduo, desde março de 2022, o transtorno de luto prolongado tornou-se uma doença reconhecida pela OMS, em seu guia de referência CID11, e passou a integrar o Manual de Diagnósticos de Transtornos Mentais (DSM-5) da Associação Americana de Psiquiatria. Segundo a APA, podem ser assim diagnosticados adultos que perderam alguém há pelo menos 12 meses ou crianças e adolescentes enlutados há pelo menos seis meses. Entre os sintomas apresentados estão a perda de identidade, a perda de propósito na vida, a dormência emocional, a solidão e a negação enfática da morte.[6]

O luto prolongado é caracterizado por um agravamento do adoecimento emocional, é um estresse à emoção do luto. Não significa que a pessoa não aderiu ao tratamento. Nem tampouco resulta de falta de autocuidado. Essas pessoas não conseguem aceitar a morte ou o rompimento do vínculo por uma necessidade de estarem coladas àquilo que perderam. Para elas, a possibilidade de seguir com a vida torna-se afrontosa ou ofensiva. Uma mulher entrevistada pelo *New York Times* demorou três anos para desmontar o quarto que pertencera à filha. O luto prolongado terminou no dia em que ela, como diz o filósofo norte-americano Thomas Attig, especialista em luto, deixou de *ser* a dor.[7]

É difícil para um líder, um colega de trabalho ou até um amigo ou parente identificar sinais, sintomas e evidências do luto prolongado. Afinal, quantas pessoas não passam a ter problemas de relacionamentos no ambiente de trabalho após uma grande perda? Quantas pessoas não perdem reuniões ou apresentam queda de produtividade? Quantas pessoas não se sobrecarregam de tarefas para tentar silenciar os sentimentos que as corroem por dentro? Então, como diferençar a tristeza profunda natural de uma depressão; como distinguir um burnout de um transtorno de luto prolongado?

Os sintomas de luto prolongado se confundem com os de outras enfermidades que afetam a saúde mental. Além disso, há falta de informações, de diálogo e receio de estigmatização. A avaliação, então, é obrigatoriamente clínica, sem exames tecnológicos que possam imprimir acurácia ao diagnóstico. É um estudo novo e complexo, mas relevante porque a incidência desses sintomas vem aumentando. Estima-se que 2,5% das pessoas desenvolvam o transtorno de luto prolongado, prevalência superior à de outros distúrbios mentais.[8]

Diante disso, derrubar o tabu e debater o tema do luto dentro das organizações torna-se ainda mais necessário, para que possamos fazer o encaminhamento adequado caso um membro da equipe não esteja bem.

O luto por suicídio

A OMS aponta o suicídio como uma prioridade na saúde pública,[9] assim como a Organização das Nações Unidas (ONU).

Para quem perde um ente querido por suicídio, o luto é bastante peculiar. Em primeiro lugar, o enlutado precisa separar a pessoa do ato impulsivo. É essencial respeitar a história de quem partiu e não a confundir com a ação cometida. E respeitar a dor do falecido permeada por tentativas e conflitos, formando um quadro associado à depressão. O suicídio é o único tipo de morte cujo desfecho acreditamos que poderíamos ter mudado. Em todos os outros casos, direcionamos a culpa e a potência para o assassino, a doença, o acidente etc. No suicídio não temos a quem culpar. É uma dor sem nome. A verdade vai embora com a pessoa que se matou. Resta apenas a sensação de ser engolido por uma onda, de não ser capaz de sair do lugar de desespero, de dor e de angústia.

O suicídio escancara uma limitação do ser humano, a impotência diante de uma barreira aparentemente intransponível — representa a solução definitiva para um problema temporário. O mais importante, sempre, é tomar cuidado com o imediatismo e a tentativa de obter soluções rápidas para aliviar dores. A regra de ouro para qualquer tipo de luto é não tomar nenhuma decisão definitiva e impulsiva nos momentos desorganizadores e conflituosos da existência.

Certa vez, fui convidada a promover uma roda de conversa em uma empresa cujo líder havia falecido abruptamente. Assim que cheguei, o médico do trabalho confidenciou-me que um dos executivos vinha alimentando ideias suicidas. Sempre digo que não existe dosador de dor, porém, se houvesse uma hierarquia, o suicídio certamente emplacaria como o "maior" grau de sofrimento existencial a se viver. O consenso é de que é visceral, agudo, agonizante — ou melhor, deve ser, afinal sou apenas uma estudiosa técnica do assunto que já fez acolhimento de equipes e famílias em casos ligados a organizações.

Durante essa roda de conversa, as dimensões do luto e o impacto de sua dor foram abordados. Alguns participantes, incluindo o citado executivo, começaram a chorar. O choro dele, porém, era diferente dos demais — mais compulsivo, mais profundo. A cada informação comentada e a cada desabafo partilhado, ele parecia se libertar de águas paradas, do peso que carregava. Dividir a dor ajuda a derrubar muros e a criar pontes. Nós nos descobrimos menos sozinhos e rodeados de pessoas que também estão em sofrimento.

Ainda assim, na nossa sociedade preferimos não falar de suicídio, na vã tentativa de fingir que ele não existe, o que, com certeza, não é possível. Lembro-me bem de um dia em que o meu WhatsApp começou a apitar incessantemente, obrigando-me a desviar a atenção do trabalho. O grupo de mães da escola de minha filha comentava o suicídio de uma adolescente de um colégio de elite de São Paulo. A discussão no grupo era se deveríamos ou não comentar o caso com nossos filhos. Algumas mães compartilhavam declarações de especialistas contrárias à partilha. Eu me perguntava: dá para tapar os ouvidos no mundo de hoje?

Antes que pudesse chegar a uma conclusão, Laura, minha filha mais velha, chegou em casa esbaforida e assustada. Ela não só sabia do caso, como tinha recebido um vídeo no qual era possível ouvir o desespero da mãe diante do corpo inerte da filha. Não restam dúvidas: não há como calar. A internet mostra o que tentamos esconder ou o que tememos revelar. A informação chega a nossos filhos sem filtro algum, antes mesmo de abrirmos o canal de diálogo com eles. Logo, cabe a nós, pais, figuras parentais e cuidadores, decidir quem vai acolher, explicar, dar controle e contextualizar o que é o suicídio e outros assuntos ainda considerados tabus. Não podemos mais relegá-los às sombras e torcer para que ninguém descubra. Precisamos saber e explicar, dentro do possível, o que acontece.

A partilha ajuda na ressignificação. Quando dividimos uma alegria com pessoas que amamos, ela cresce. Já quando dividimos um sofrimento com aqueles que amamos, a tendência é nos sentirmos aliviados. É preciso resgatar e valorizar a vivência compartilhada anteriormente com quem tirou a própria vida. A capacidade de agradecer pela travessia juntos ajuda a sair do contexto da dor. Como diz uma das minhas professoras, a suicidologista Karina Fukumitsu, é necessário "extrair flor de pedra e resgatar a beleza mesmo em solo árido".

* * *

Se você está enfrentando dificuldades ou conhece alguém que esteja, procure ajuda — principalmente ajuda especializada. O telefone do Centro de Valorização da Vida é 188. Com total sigilo, é possível encontrar apoio e orientação, também, pelo e-mail <https://www.cvv.org.br/e-mail/> e pelo chat <https://www.cvv.org.br/chat/>.

CAPÍTULO 5

O luto não vai ser sempre igual

Por muito tempo, encarou-se o luto como uma travessia de cinco fases, estabelecida pela psiquiatra suíça Elisabeth Kübler-Ross no final dos anos 1960. Pioneira nos estudos com pacientes terminais e em cuidados paliativos, ela conquistou um espaço importante ao apontar a *negação*, a *raiva*, a *barganha*, a *depressão* e a *aceitação* como reações típicas de pacientes em estágios terminais, vivendo, portanto, um luto antecipado.

Organizar o luto em cinco estágios, descrevendo esse estado como cíclico, dava controle e continência a algo tão desorganizador, além de propiciar mais consciência e a possibilidade de se encontrar um caminho para a ressignificação e acomodação das experiências. No entanto, os estudos mais modernos sobre o tema trazem uma nova perspectiva. De acordo com tais estudos, o luto não obedece, de fato, a um ciclo. Ciclo é algo que apresenta fases bem definidas, que segue uma ordem preestabelecida, quase lógica. O luto, ao contrário, não é lógico nem tampouco uma ciência exata.

O movimento iniciado com o rompimento de um vínculo forte assemelha-se mais a uma montanha-russa do que a uma linha reta. O que existe é um emaranhado de sentimentos inóspitos, como dor, culpa e impotência, que drenam a energia do indivíduo e exigem dele um mergulho profundo em si mesmo. Por isso requer uma flexibilidade emocional e cognitiva para a qual não fomos treinados. Afinal, estamos falando de pessoas, e pessoas são únicas.

Cada indivíduo passa pela própria dor de forma diferente, e não é incomum que um enlutado tenha dias muito bons (o que pode sugerir uma "recuperação") seguidos de outros muito ruins (o que alguns chamariam de "recaída"). São esses altos e baixos — perfeitamente normais, aceitáveis e esperados — que nos fazem afirmar que o luto não é cíclico. É um estado intenso e conflitante, marcado por arrependimentos e culpas e deve ser tratado como tal, respeitando-se a individualidade, as características e a história de cada um. Essa percepção do luto foi atestada pelos psicólogos Margaret Stroebe e Henk Schut, professores de Psicologia da Universidade de Utrecht, na Holanda, criadores do Modelo do Processo Dual para Enfrentamento do Luto, que indica a não linearidade do luto e sua decorrente "montanha-russa" de emoções.[1]

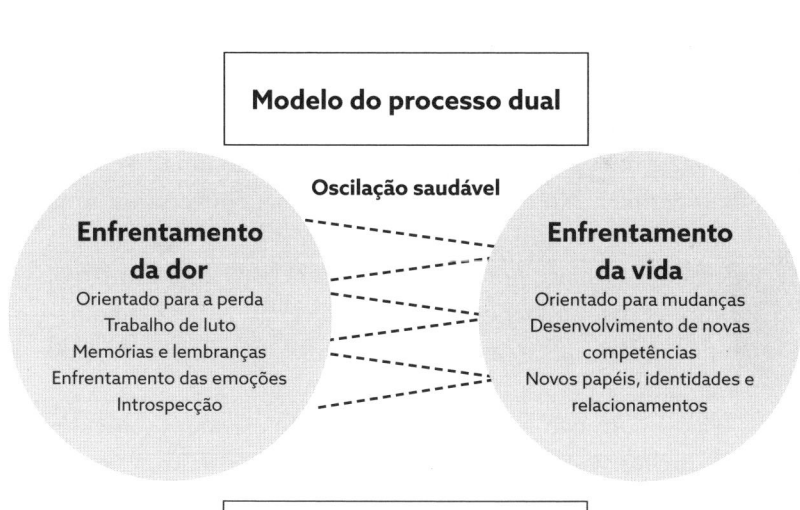

Modelo do processo dual

Oscilação saudável

Enfrentamento da dor
Orientado para a perda
Trabalho de luto
Memórias e lembranças
Enfrentamento das emoções
Introspecção

Enfrentamento da vida
Orientado para mudanças
Desenvolvimento de novas competências
Novos papéis, identidades e relacionamentos

Elaboração do luto e construção do significado

Segundo Stroebe e Schut, o luto é pendular, um processo dinâmico e regulador do enfrentamento. O Modelo do Processo Dual para Enfrentamento do Luto proposto por eles considera que o enlutado vive uma oscilação entre a dor e a restauração da vida.[2] Num dia, o indivíduo processa as informações ao revisitar fotografias e memórias; no outro, retoma a rotina e começa a vislumbrar a nova realidade. É a dor se ajustando à vida e a vida se ajustando à dor.

Pode haver dois movimentos ao mesmo tempo: o de dor e o de tocar a vida. Apesar da perda e da dor, tudo bem estar bem e construir uma nova história dentro do que é possível, uma vez que jamais voltaremos a ser o que éramos antes. É importante se reconhecer na nova identidade, viver a partir dela, reconciliar-se com a dor, sair da impotência em direção à potência e buscar possibilidades de novos aprendizados, algum impulso de esperança, novas conexões e a valorização da vida.

Imagine a situação: após o luto da perda de uma colega de trabalho querida, é possível chegar na empresa e ser absorvido pelas tarefas e rotinas, esquecendo-se do peso e da tristeza dos últimos dias. De repente, um amigo passa pela sua mesa e compartilha uma situação que, inevitavelmente, arranca risadas. Outros se juntam ao grupo de forma espontânea e decidem fazer uma pausa para um café, resgatando uma leveza até então perdida. No entanto, um detalhe na conversa ou uma dose a mais de açúcar pode despertar uma lembrança daquela colega, que gostava, por exemplo, de café bem forte e amargo. Pronto. O chão se abre e passamos da alegria à tristeza em questão de segundos. Sem aviso prévio. A dor toma conta de tudo novamente, até o "carrinho" subir de novo.

Para o luto não há dia nem hora. Não existem protocolos nem direitos. Você acha mesmo que ele se importa com produtividade? Com reunião de trabalho? Com reclamação do cliente ou cobrança do líder? Ainda assim, a sociedade tentou organizar esse caos. Em 1943, durante a gestão Getúlio Vargas, foi decretada a Consolidação das Leis Trabalhistas, a famosa CLT, que estabelece, em seu artigo 473,³ o direito de o trabalhador se afastar de suas funções por até dois dias consecutivos, sem desconto do salário, diante do falecimento de cônjuge/companheiro(a), ascendentes (pais, avós, bisavós), descendentes (filhos, netos, bisnetos) e irmãos. Sabe qual o nome dessa licença? Nojo. Licença nojo. A escolha dessa palavra duvidosa justifica-se por ser sinônimo de luto em Portugal, mas também denota, aqui e lá, repulsa, asco. Não é repulsa que sentimos diante de um tabu? Não é asco que sentimos diante de uma dor que parece não ter fim?

Dois dias de licença. É o que a lei sugere para se despedir de alguém — não da perda. É suficiente para sanar uma dor? Quanto tempo dura o luto? Essa é a pergunta que mais escuto. Para uma sociedade que adora números, minha resposta é sempre uma decepção: não há prazo definido. É preciso viver e descobrir o seu tempo nessa trajetória. Alguns aspectos precisam ser levados em consideração, como o cuidado com as datas mais significativas para o enlutado, pois serão datas que ele viverá pela primeira vez sem a companhia da pessoa que amava, como o primeiro aniversário e o primeiro Natal.

Outro aspecto é acompanhar a intensidade e a durabilidade dos sintomas. Apesar de não falarmos em tempo, considera-se que de seis meses até um ano seja suficiente para esse indivíduo voltar à *funcionalidade*, o que não significa que ele vai parar de sentir a dor nesse meio-tempo. O já citado Thomas Attig diz que o luto dura o tempo necessário para se evoluir do estágio de *ser* a dor para *ter* a dor e conviver com ela.⁴ Na prática, essa passagem significa o momento em que conseguimos "funcionar" de forma organizada mesmo com o vínculo que se partiu; quando vivenciamos as datas importantes a partir daquela perda; quando a relação com o rompimento deixa de ser central. O luto não é para sempre; a perda é. Mas gosto de reiterar que o luto não diminui com o passar do tempo, nós é que crescemos em recursos emocionais e encontramos novas possibilidades de conviver com a dor, apesar dela. E isso, é lógico, não vai ser igual para todo mundo.

Certa vez, um cliente, diretor de uma equipe grande em uma multinacional, admitiu sua incapacidade de fazer a barba e tomar banho. Não havia condição mínima de higiene e autocuidado. Como exigir mais deste ser humano em profundo estado de vulnerabilidade? Ele sobrevivia em um estado contrário ao exigido pela sociedade e pelas empresas, impactado pela chamada síndrome amotivacional, isto é, influenciado por uma força que só o puxava para baixo. É preciso oferecer tratamento para a mínima autorregulação emocional antes de se cobrar ou sugerir a performance, o desempenho ou, ainda, a retomada das atividades, da rotina e da funcionalidade. É preciso cuidar, com mais consciência e validação, daqueles que estão em dor à nossa volta.

Uma sociedade que oferece esse conhecimento, ou uma empresa que se posiciona como uma rede de cuidado e apoio ao validar e respeitar o sofrimento alheio, abre espaço para diálogos mais transformadores e para o acolhimento das mais diversas dores. Voltando ao nosso exemplo anterior, é ótimo quando os colegas aceitam se reunir para o café e conversar sobre outros assuntos, inclusive sobre a vida que se desdobra aqui e agora. Não se trata somente de um momento de distração da dor, mas de um reconhecimento, ainda que inconsciente, de que "isso me faz bem". É quando estamos no pico, no alto da montanha-russa. Costumo dizer, nas rodas que promovo em empresas, que esses são os momentos em que nos permitimos viver experiências e emoções positivas, inclusive a alegria, pois o amanhã pode trazer tristeza, cabendo a cada um, sem culpa, aproveitar o máximo possível o dia de hoje.

Quando o enlutado entende como o luto funciona, ele sabe que se a ferida abrir de novo e o "fundo do poço" for sentido não haverá problema em viver essa dor, incluindo aí todas as experiências e emoções consideradas negativas pelo senso comum. Como a gente faz isso? Vendo fotos, chorando, revisitando emoções e sentindo aquela tristeza, aquele peso no peito. Expressando-se. Dando lugar ao que sentimos e espaço ao que somos, ao que nos define daquele momento em diante. Isso nos ajuda a elaborar um pouco mais a perda e a nos fortalecer para subir de novo. Essa dor não desaparece, mas deixa de ser, gradualmente, avassaladora. É a vida, apesar da dor.

E, por incrível que pareça, *há vida no luto*. Mesmo com a sensação de fim impetrada pela morte ou por outro rompimento qualquer de vínculo forte, este não é o final de tudo de fato. A vida continua. Repaginada. Ressignificada. Ressignificar é criar a possibilidade de aportar novos significados para determinada experiência, principalmente para os tabus que causam tanta dor. Não se trata de uma construção do dia para a noite, não se trata de fórmula mágica, não há uma regra única. É aquilo que é possível para cada um, de acordo com o vínculo que se rompeu, com a história que se carrega, com a capacidade do indivíduo naquele momento.

Ressignificar tem uma função absolutamente potente. Significa sentir e abrir-se de dentro para fora, se reinventar, se reencontrar, se amar. Significa criar coragem, se ouvir, compreender e se cuidar. E é preciso se conhecer bem para mudar a perspectiva, para renascer em potência máxima, para viver de novo. Já li em alguns lugares que a melhor vingança para a morte é viver muito, e viver bem. Eu complemento: para o luto também. É preciso viver esse tabu. Chorar o necessário. Buscar ajuda profissional. Viver, mesmo com medo, mesmo com raiva, apesar da saudade e da tristeza. Não se pode deixar de viver.

CAPÍTULO 6

A cultura do cuidado, seus desafios e estratégias de implementação

Palavras como afeto, acolhimento, empatia, confiança e intimidade ainda são um tabu dentro da maioria das empresas. Assim, o contexto organizacional pode gerar inseguranças, faltar com transparência, promover uma comunicação ambígua e ineficaz e até mesmo favorecer ameaças, ainda que veladas, para garantir a entrega de resultados. Ainda existem empresas que só veem números, e líderes que garantem a execução das tarefas na base do medo e da grosseria. O efeito será exatamente o contrário do que eles esperam.

Não tenho dúvidas de que as organizações são potências capazes de provocar grandes viradas, pois podem liderar transformações individuais, coletivas e, consequentemente, sociais, funcionando como alavancas para iniciar ou acelerar mudanças estruturais na sociedade. Elas podem ajudar a encontrar caminhos mais sustentáveis e a começar por tornar o contexto laboral menos ameaçador, criando ambientes menos adversos e mais acolhedores.

Por isso, é tão fundamental colocar o cuidado no centro das relações, já que ele é transversal, perene em qualquer contexto, missão, cultura e propósito. Uma cultura do cuidado é capaz de desenvolver uma conexão mais emocional e afetiva com os envolvidos. O cuidado deve estar a serviço do negócio, dos clientes, colaboradores, líderes e demais *stakeholders*, independentemente do momento da empresa, do seu tamanho, das suas pretensões, dos lucros apresentados e das estratégias de fusão, crescimento e governança.

O questionamento a fazer é: vamos deixar que os ambientes de trabalho continuem a potencializar as dores humanas ou vamos torná-los locais seguros, onde nossos incômodos podem ser diminuídos e nossa potência pode ser maximizada? Já estávamos diante desse dilema antes de 2020, mas, naquele ano, com o advento da pandemia, o copo transbordou, escancarando aspectos que já viviam no nosso interior, reprimidos e ocultos até de nós mesmos. A partir desse luto coletivo provocado pela disseminação do novo coronavírus, pela primeira vez as empresas se viram obrigadas a abordar abertamente a importância do cuidado.

A perda de familiares e de colegas de trabalho foi, sem dúvida, a dor mais marcante deixada pela pandemia. Não foi a única. Outros sofrimentos se fizeram presentes. Entre os jovens, parcela primordial da força de trabalho, se impôs o desafio de terminar a graduação em casa. Deixaram, assim, de aproveitar não só uma parte importante da vida acadêmica e um ritual da vida adulta, como também de desenvolver habilidades básicas para a entrada no mercado de trabalho. Progrediram na parte técnica, mas não avançaram tanto nas tais *soft skills*, ou habilidades interpessoais, como as competências de autoconfiança, colaboração e comunicação. Não tiveram tempo de se adaptar ao novo ambiente, à nova situação, ao trabalho em equipe.

A liderança precisa entender o contexto dessa geração, em vez de simplesmente descartar, criticar ou aplicar o contrato-padrão. "Isso significa que há maior necessidade de os empregadores oferecerem treinamento em habilidades profissionais e de trabalho básicas, o que não era necessário em anos anteriores", disse ao *Financial Times* Jackie Henry, diretora-gerente da área de Pessoas e Propósitos da multinacional de serviços profissionais Deloitte, no Reino Unido. A matéria foi reproduzida no Brasil pelo jornal *Valor Econômico*.[1]

Diante desse quadro, as estruturas organizacionais passaram a enfrentar desafios na linha de frente, como revisão de papéis e responsabilidades, exigência de respostas rápidas a mudanças constantes, pressa no desenvolvimento de novas capacidades, entre outras ações essenciais para o enfrentamento de crises. Em geral, é durante as crises que as empresas me procuram, na tentativa de propor caminhos, conceitos e ferramentas possíveis para que os colaboradores possam contar com o resseguramento emocional. As intervenções são determinantes e têm como objetivos:

- tentar restabelecer alguma sensação de controle, segurança e previsibilidade, mesmo que não seja possível dar fim à origem do problema;
- oferecer um espaço de expressão e validação das dores que emergem a partir de uma situação de grande sofrimento;
- dar ao maior número possível de pessoas o mínimo de conhecimento para que possam reconhecer, compreender, expressar e gerenciar suas emoções, além de respeitar as dos outros, de forma a suportar a crise e suavizar seus sintomas;
- oferecer escuta afetiva e apoio aos colaboradores na compreensão das reações vividas por eles;
- dar atenção especial àqueles que podem estar mais abalados e mais próximos de desenvolver transtornos mentais.

Quando um cliente me contrata, minha missão é compartilhar conhecimento e, amorosamente, proporcionar práticas para dar alívio àqueles que estão em sofrimento. Eu sei que, algumas vezes, estou a quilômetros de distância do acontecimento, "sentada no ar-condicionado da minha casa", explicando, teoricamente, o que esses indivíduos estão vivendo, por isso não tenho a menor pretensão de me colocar no lugar deles. Mas acredito que a conexão surge quando essas pessoas se sentem vistas, ouvidas e validadas. Cada um chega com um nível de consciência diferente do próprio problema e eu não tenho nenhum controle sobre o que cada indivíduo escolhe fazer a partir da minha tentativa de nivelar o conhecimento entre eles. Mas sei que, individualmente, a transformação é possível e que ela pode reverberar, alcançando as relações mais próximas das pessoas atendidas e, portanto, o coletivo.

Certa vez, sugeri a um cliente convidar os familiares dos colaboradores para participar de uma roda de conversa sobre os impactos das crises em geral na saúde mental. Ele aceitou e o resultado foi tão positivo que dou essa sugestão a meus clientes desde então. Quando vejo pelas câmeras os filhos, cônjuges e familiares juntos, inspirados pela organização, bebendo na fonte de um conteúdo que pode mudar a vida deles, e absolutamente gratos pela oportunidade, penso que estas talvez sejam as reuniões mais emocionantes que conduzo. O impacto sistêmico na vida desses colaboradores é medido pela imensa capacidade de resposta à crise.

Iniciativas de cuidado

Cuidado vai muito além de evitar doenças ou de melhorar a saúde física e o bem-estar. O objetivo é causar impacto na vida pessoal e profissional do indivíduo, e isso só é possível por meio da sistematização das ações de prevenção, engajando as pessoas em programas e iniciativas e reduzindo afastamentos de curto a longo prazo da empresa, bem como passivos trabalhistas por doenças que agravam o estado emocional ou por doenças "relacionadas" ou "causadas" pelo trabalho. Em minha prática diária, venho testemunhando diversos exemplos de organizações, lideranças e liderados dispostos a quebrar paradigmas e fazer a diferença quanto ao assunto.

Nos últimos tempos, sobretudo durante a pandemia, cresceu enormemente o número de empresas que disponibilizaram acesso a plataformas de psicoterapia e medicina remotas para seus colaboradores, e algumas estenderam o benefício a seus familiares.

A terapia é uma ferramenta de cuidado contínuo implementada por um profissional qualificado e que oferece uma rede de apoio afetiva, estabilização de sintomas, melhora nos relacionamentos, chance de ultrapassar medos e dificuldades, além de ajudar na escolha consciente de abrigos. A opção pela terapia é uma ação de cuidado da organização para com os seus, mas também um ato corajoso do indivíduo em relação a si próprio. O trabalho terapêutico nos permite ser quem somos porque nos ajuda a reconstruir narrativas e a estarmos no mundo de forma mais segura.

Essa não é, porém, a única forma de cuidar. Certos programas e iniciativas voltados para a promoção da saúde mental já implementados em algumas organizações podem servir como inspiração para outras empresas, por exemplo:

- canal de comunicação 24/7 (24 horas por dia nos sete dias da semana) para ajuda psicológica;
- canal de ética para monitoramento e prevenção de práticas inaceitáveis de desrespeito e assédios;
- semana de quatro dias de trabalho ou meio período na sexta-feira;
- sala de descompressão ou *mindfulness*;
- jornadas híbridas;
- aplicativo de meditação e workshops de respiração;
- agenda virtual programada para promover, pelo menos, dez minutos de intervalo entre as reuniões;
- treinamentos de inteligência emocional;

- adesivos em crachás e computadores simbolizando colegas, líderes ou não, com disponibilidade emocional (e devidamente treinados para isso);
- assistente virtual para agendamento de sessões de terapia e consultas on-line;
- palestras de sensibilização sobre cuidados com a saúde mental e/ou capacitação para a identificação de sinais precoces de burnout, depressão e ansiedade;
- parcerias com ampla gama de serviços — de academias e psicólogos a instituições de saúde prestigiadas;
- cuidados com a saúde mental estendidos à família;
- monitoramento da saúde integral, não só física;
- revisão de metas e do volume de projetos.

Entretanto, muitas pessoas ainda resistem a aproveitar alguns desses serviços e benefícios por medo de estigma e preconceito. Se esse é o seu caso, saiba que, além de procurar um profissional da sua cidade, há outras formas de obter ajuda. Uma das vantagens dos tempos em que vivemos é o acesso mais fácil a cuidados e informações que podem nos apoiar, nos transformar e imprimir um significado à travessia do luto. Cabe ao indivíduo compreender que ele tem um papel ativo na construção de pontes e melhorias para si próprio.

A responsabilidade deve ser compartilhada

A quem cabe propor e implementar a cultura do cuidado na organização? Aos líderes? Ao Departamento de Recursos Humanos? À área de Medicina do Trabalho? É comum que essa responsabilidade recaia sobre os líderes e o RH. E, nesses casos, também é comum encontrarmos profissionais sofrendo de fadiga por compaixão, algo que acomete os que escolheram estar a serviço do outro nas empresas. O problema é que não raro eles fazem isso sem entendimento sobre o que de fato aconteceu com o outro, sem repertório, sem recursos financeiros, enfrentando falta de tempo e de informação para assimilar tantas crises. E também com uma necessidade grande de se autorregularem para conseguir regular os colaboradores, as demais áreas e o próprio negócio.

A disponibilidade emocional desses colaboradores é tão grande que gera maior risco de adoecimentos, como burnout. Sim, há perigo no excesso de cuidado. Então, qual o limite da doação individual de cada colaborador que se propõe a cuidar? Em minha experiência, ouço questionamentos como: "Como pensar em descansar se estou tomado pela culpa e pelo sentimento de impotência?"; "Como pensar em cuidar se não consigo descansar?"; "Como posso pensar em autocuidado se não consigo dormir?". O único remédio para o cansaço é o descanso. Infelizmente, vivemos numa sociedade que trata descanso como recompensa e não como direito.

Sentir-se sozinho ou ser sozinho quando se está em dor ou quando alguém da sua equipe passa por uma dificuldade é um grande fator de risco no processo de adoecimento. E não pedir nem aceitar ajuda certamente potencializará o sofrimento. Então, se desejamos implementar a cultura do cuidado numa organização, *a responsabilidade deve ser compartilhada* — tanto a de cuidar quanto a de receber cuidado, para que ninguém fique sobrecarregado. Não somente o líder, o setor de Recursos Humanos e o de Medicina do Trabalho devem se importar com o cuidar. É crucial dividir as responsabilidades em torno de cada caso com as demais áreas competentes, para que, em rede, sejam realizados os devidos acompanhamentos até que esses indivíduos possam voltar às suas funções.

Enquanto a doença é multifatorial, a cura é multidisciplinar. Vale formar um colegiado de competências que se complementem e definam a melhor linha de conduta de acordo com cada particularidade. Assim, nenhum profissional, independentemente da área de atuação e da natureza do problema, precisa tomar decisões sozinho. Sempre que necessário, ele deve pedir ajuda e lançar mão da rede para que não haja surpresas. É dessa forma que as empresas estão se reinventando para diminuir a insegurança, oferecer base segura e programas de bem-estar, a fim de afastar do seu ecossistema dores e ameaças e a intensificação de sintomas, preservando o próprio futuro de possíveis riscos.

Equipes que cuidam da promoção da saúde podem funcionar como catalisadores para o gerenciamento da saúde e, consequentemente, da produtividade dos colaboradores. Como já dito, mudar comportamentos e criar hábitos saudáveis relacionados à alimentação e à atividade física é vital para o processo, no qual se incluem ainda a motivação e a necessidade de controle do estresse. Mas há situações complexas em que são necessárias tratativas legais e extrajudiciais. Nesses casos, o cuidado passa também pela área jurídica, que deve atuar com ações preventivas, levando até os colaboradores a informação de que se proteger juridicamente é buscar acordos amigáveis e, sobretudo, cuidar da reputação daquele ambiente corporativo.

As áreas devem se juntar coletivamente, cada uma com sua *expertise*, para antecipar cenários e calcular os riscos de cada situação. A complementaridade das competências é uma oportunidade para que todos recebam conhecimento técnico e despertem para a responsabilidade sobre a própria saúde. Reportar casos é saudável para a dinâmica entre as áreas, e os especialistas devem se responsabilizar pelas questões mais sensíveis que impactam de alguma forma o negócio da organização.

Quando nos juntamos para trocar ideias sobre casos, aliviamos a tensão e distribuímos as consequências e os resultados, sejam eles positivos ou de insucesso, os quais, invariavelmente, também acontecem. Assim, incluímos essas áreas como protagonistas no combate à epidemia das doenças mentais, aos sistemas adoecidos e à proliferação de estigmas. Todos devem estar cientes de que o custo do cuidado é sempre menor do que o custo do reparo, tanto para a pessoa quanto para a empresa.

Como mencionado, a rede de apoio funciona como um catalisador para a melhoria dos processos, pois, em geral, encontra caminhos mais curtos para a solução de problemas. Funciona ainda como fortalecedor de vínculos, por ser capaz de manter relações de parceria no longo prazo dentro da organização. O processo de cuidar envolve um conjunto de ações que devem ser operacionalizadas de forma consciente para a promoção da saúde, a prevenção, os encaminhamentos precoces e os tratamentos. E o uso de ferramentas inclui a democratização de seu acesso a todos os que desejam praticar o bem e disseminar o cuidado.

CAPÍTULO 7

A liderança que cuida

Não é possível mudar a forma como a empresa olha o cuidado e o luto sem olhar também para a qualidade da liderança. A jornada da liderança é duríssima, embora se fale pouco sobre isso. Tradicionalmente, para ocupar a cadeira de líder, busca-se alguém "do tamanho" da vaga quanto a aspectos técnicos. No entanto, em muitos casos, o escolhido pode estar aquém das demandas, ainda que apresente sinais e desejos de se desenvolver e alcançar maturidade e conhecimentos para a adequação ou o *fit* ideal. Isso quer dizer que, por maior que seja o esforço de sucessão nas organizações e na preparação prévia para ocupar cargos de liderança, o mais habitual é fazer "apostas". Apostamos em profissionais capazes de assumir novos desafios e os jogamos na "cova dos leões".

A partir daí, nascem dúvidas, inseguranças, síndromes de impostor(a), ameaças e um bocado de solidão. Essa distância afasta ainda mais o líder da possibilidade de encurtar caminhos para o seu desenvolvimento. Essa sempre foi uma trajetória solitária, porque, além das responsabilidades técnicas, são exigidas responsabilidades para com o outro, o que, às vezes, não está nos planos dos que desejam crescer e assumir posições de mais visibilidade. Ninguém foi treinado para ter essa proximidade, o que aumenta a sensação de solidão.

Ainda hoje é possível dizer que os líderes, em sua maioria, estão distantes do seu time, indisponíveis emocionalmente e atuando apenas na exploração e na cobrança. A verdade é que o líder, que foi ensinado a ser fonte de inspiração, alguém que traz exemplos e possui um saber específico, também sente dor. A maior parte desses profissionais, basilares para uma organização, foi preparada para cuidar de assuntos técnicos, mas não recebeu capacitação em gerenciamento de crise, capaz de prepará-los para enfrentar os altos e baixos da própria vida e da vida de seus liderados.

Enquanto tenta minimizar os riscos estratégicos e operacionais durante uma crise, a liderança, tão acostumada a cobrar, se vê igualmente cobrada de todos os lados. De acordo com o estudo Edelman Trust Barometer 2022, realizado por consultoria de pesquisa e análise para medir confiança e credibilidade, 76% das 36 mil pessoas ouvidas em novembro de 2021 em 28 países, incluindo o Brasil, elegeram as empresas, não mais os governos, como a principal fonte de solução para os problemas sociais. Essa confiança, que já vinha aumentando nos últimos anos (esse é o 22º levantamento Edelman), subiu 3%, sendo citada por 64% dos entrevistados. A confiança nos governos, por sua vez, caiu cinco pontos, ficando em 34%. Para os brasileiros, as empresas poderiam e deveriam fazer mais pela "desigualdade econômica (61%), mudanças climáticas (60%), acesso à saúde (56%), requalificação profissional (57%), informação de credibilidade (51%) e outras injustiças sistêmicas (50%)", segundo apurou o jornal *Valor Econômico*.[1]

Durante uma de minhas mentorias, ouvi uma pergunta de um gestor que ilustra muito bem um dos principais dilemas da liderança atualmente: "Por que eu vou perguntar ao meu funcionário como ele está se não saberei o que fazer com a resposta?" Para falar de dores, perdas e luto dentro do contexto organizacional, é preciso atacar, pelo menos, três crenças habituais no mundo corporativo:

- a liderança precisa ter todas as respostas;
- a liderança humanizada perde autoridade;
- a liderança precisa escolher: ou o comando e o controle; ou a empatia e o acolhimento.

Duas formas de liderança

Durante muitos anos, observou-se um movimento nas organizações e nos modelos de gestão que definiam a liderança como um atributo da estrutura organizacional. Na literatura, há várias definições sobre liderança destacando o poder de influência sobre o outro e contemplando as competências e as responsabilidades que enfatizam o *comando* e o *controle* do gestor.

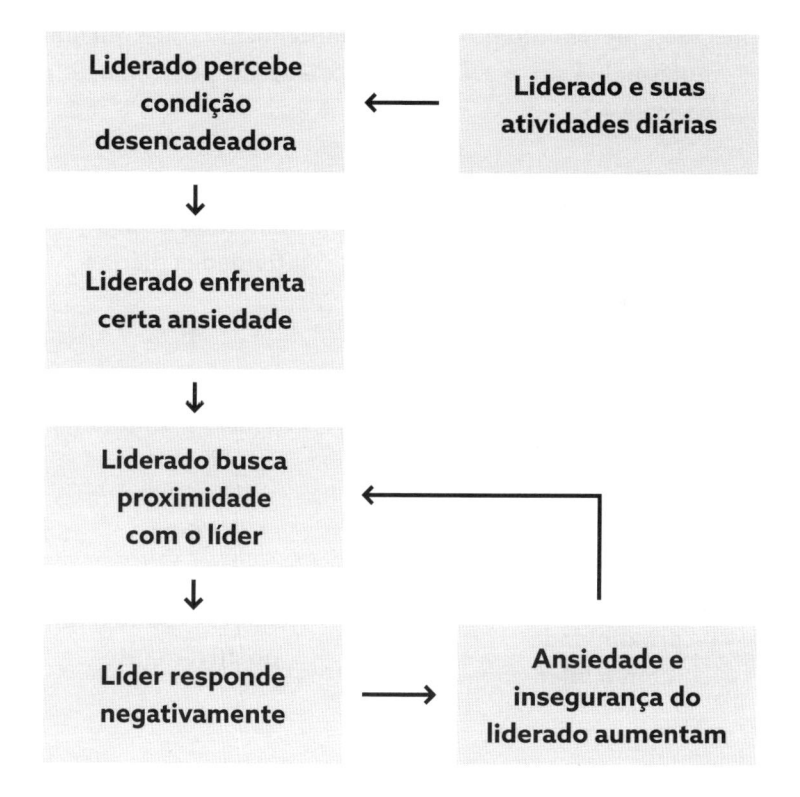

```
Liderado percebe          Liderado e suas
condição          ←       atividades diárias
desencadeadora
    ↓
Liderado enfrenta
certa ansiedade
    ↓
Liderado busca
proximidade       ←─────────────┐
com o líder                     │
    ↓                           │
Líder responde            Ansiedade e
negativamente     ─→      insegurança do
                          liderado aumentam
```

Quando o líder é orientado somente para o comando e o controle, ele rejeita o pedido de aproximação do liderado se este o procura para tentar diminuir uma ansiedade frente a alguma dificuldade ou ameaça. Tal gesto por parte do líder aumenta a insegurança e a ansiedade do liderado, alimentando um círculo vicioso até que o liderado desista de buscar segurança em seu líder. Há duas formas de romper esse processo: o líder mudar a relação; ou o liderado perceber que precisa procurar novas oportunidades em outro lugar.

A liderança precisa entender que também é responsável pelo bem-estar dos liderados. Assim, o contato humano passa a ser valorizado, bem como a proximidade e a disponibilidade emocional. O medo de perda da autoridade é substituído por um canal de diálogo — alimentado pela intimidade e pela confiança — que permite lidar com situações adversas vividas pelos liderados, prevenindo processos de adoecimento físico, mental e emocional. Essa é a liderança orientada por *empatia e acolhimento*.

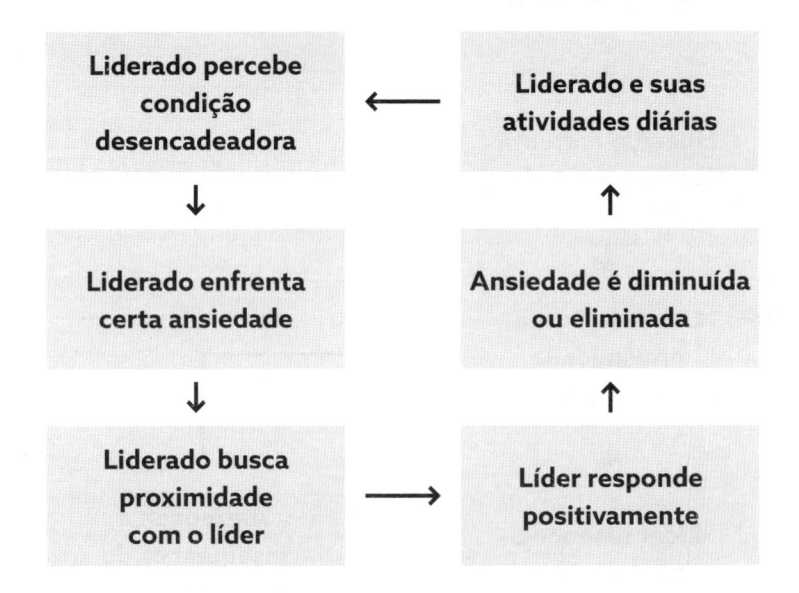

Liderado percebe condição desencadeadora	←	Liderado e suas atividades diárias
↓		↑
Liderado enfrenta certa ansiedade		Ansiedade é diminuída ou eliminada
↓		↑
Liderado busca proximidade com o líder	→	Líder responde positivamente

Sob essa nova orientação, no caso de o liderado tentar se aproximar física ou emocionalmente do líder para diminuir as próprias aflições, receberá uma resposta positiva. Porque o líder estará sendo capaz de reafirmar o senso de segurança do funcionário, reduzindo a sua ansiedade e lhe permitindo retornar às atividades.

Os profissionais superam mais rapidamente mudanças e crises se podem contar com um sistema cuidador amoroso e uma base segura fortalecida. Quando a aliança entre os dois lados se estabelece, o líder valida as dores, os medos e as ameaças sentidos pelo liderado. Quanto mais o líder for flexível e atento às necessidades de cada integrante do time, mais ele se tornará uma base segura e maior será a chance de conseguir apoiá-los. E, quanto maior for essa base, maior será a autonomia e a independência dos liderados.

Liderança com apego: uma nova visão para empresas

Muito cedo percebi que, como psicóloga, eu não queria trabalhar atendendo em consultório. Depois da formação em luto, concluí que minha maior potência seria levar esse conhecimento para o mundo corporativo, ajudando a cuidar das dores tão presentes nesse ambiente. Fiz um trabalho acadêmico em parceria com a psicóloga Marcella Barbosa que se tornou o coração da minha metodologia. Por meio dessa estrutura detalhada, aplico as premissas da Teoria do Apego na relação entre líder e liderado de forma a restabelecer a conexão humana por meio da confiança e da intimidade, o que ajuda na regulação emocional, principalmente diante de situações ameaçadoras.

Em nosso contexto, o apego nada tem a ver com a definição do senso comum, que muitas vezes o associa à dependência, seja de alguém ou de algo. Apego é puro instinto. Já nascemos com essa necessidade de nos ligar a alguém mais forte e mais sábio, que ofereça proteção e segurança. As chamadas "figuras de apego" se multiplicam e nos acompanham ao longo da vida, mantendo a função de cuidar, de proteger, de se responsabilizar e, sobretudo, de anular as intimidações que nos desestabilizam.

A chegada à idade adulta não nos livra dessa necessidade de estarmos ligados a alguém para superar desafios e sobreviver às ameaças do mundo. Deslocamos a figura de apego para outras pessoas do nosso círculo, como um amigo, um parente, um companheiro ou até um pet, com quem formamos um laço de confiança que nos passa segurança. Quanto mais afeto recebemos, mais recursos emocionais criamos e mais confiança desenvolvemos em nós mesmos, transmitindo-a também aos mais próximos.

Em um casal, por exemplo, o(a) parceiro(a) pode ocupar esse lugar de intimidade e segurança, ajudando na regulação das emoções e restabelecendo a confiança para explorar o mundo. Durante a hospitalização, o médico assume esse papel; em uma viagem, o guia turístico; ao longo de uma formação acadêmica, um professor; para os mais religiosos, Deus ou a entidade de devoção. E no trabalho? Pergunto-me: por que não consideramos, até agora, que as organizações e as lideranças possam representar essas figuras de apego para os colaboradores, já que a maior parte da nossa existência é dedicada e absorvida por contextos similares?

Sim, no trabalho esse papel acaba recaindo sobre o líder. E a principal competência de um líder é extrair ao máximo o potencial e as melhores habilidades do liderado para que este responda aos desafios propostos pelo cargo que ocupa com a performance necessária. Mas, para isso, é preciso que haja humanização suficiente nessas duplas. Quando a liderança inclui o cuidado no centro das suas relações, ela se torna capaz de influenciar e ser um bom exemplo de coerência entre discurso e prática.

Liderar é um trabalho árduo, rotineiro, repetitivo, artesanal, diário, exaustivo e às vezes solitário. Mas talvez seja também um dos processos de gestão mais gratificantes, porque gera significado, cria vínculos duradouros, transforma vidas e propõe diálogos que levam a aprendizados. Isso é o que chamo de "líder cuidador", que acumula novos papéis fundamentais, como responsabilizar-se por seus times, dirimindo ameaças, medos e inseguranças sempre que preciso.

A expressão "líder cuidador" também aparece em *Todos são importantes*, obra de Bob Chapman e do indiano Raj Sisodia, para quem o gestor, ao oferecer segurança, também ajuda a construir um senso de esperança no futuro. O líder cuidador é gentil e promove o bem-estar do colaborador.[2] Ele está disposto a discutir a relação e mediar conflitos e situações que, muitas vezes, não tem ideia de como conduzir.

A partir dessa perspectiva e percebendo a necessidade de oferecer aos líderes ferramentas práticas que garantam o bom manejo das questões emocionais com seus liderados, sugiro, na minha capacitação, o desenvolvimento da Competência de Regulação Emocional. Essa competência diz respeito à habilidade do líder de modular seus estados emocionais de forma mais ou menos efetiva, de acordo com as demandas do ambiente, incluindo adversidades, conflitos e pressão. Reiterando: à medida que o líder se torna capaz de se autorregular emocionalmente, ele será capaz de regular dores, conflitos, adversidades e demandas das suas equipes, funcionando como um corregulador emocional do time.

Se o líder tem oito liderados na sua estrutura, serão oito relações singulares para ele regular emocionalmente. Oito histórias únicas de vida, com experiências diferentes e jeitos próprios de operar no mundo. Se essas oito pessoas viverem um mesmo acontecimento juntas, elas apresentarão oito perspectivas diversas da mesma situação. E isso exige ainda mais do líder cuidador, que precisa ajustar, em todas as suas interações, as suas expectativas às expectativas individuais do grupo.

Além dos comportamentos técnicos já contemplados pela posição que ocupa, espera-se que, com sua nova Competência de Regulação Emocional, o líder cuidador também desenvolva:

- consistência e qualidade na relação líder-liderado;
- interesse genuíno pelo liderado e suas demandas emocionais;
- capacidade de validar dores emocionais;
- aproximação e intimidade para que assuntos difíceis sejam possíveis nessa relação;
- encorajamento à autonomia e independência;
- compromissos, responsabilidades e entregas.

Para tanto, utilizo em minhas intervenções a Metodologia de Reasseguramento Emocional, inspirada nas pesquisas de Bowlby, o que implica desenvolver a competência da regulação emocional a partir de um laboratório de vivências que desafiam os indivíduos, bem como a forma como eles se relacionam, dentro e fora das organizações. No programa de desenvolvimento de liderança, ofereço a possibilidade do autoconhecimento por meio de uma transformação interna, para que o líder esteja mais preparado para a transformação relacional.

A abordagem é emocional, e líderes que passam por esse processo dedicam-se ao exercício de novos vínculos e presença, exercitando também a coragem para compartilhar suas vulnerabilidades. Eles se tornam capazes de se conectar de modo mais humanizado, expressando genuinamente o que sentem, autorizando-se a ter uma postura mais verdadeira e levando, por consequência, novos resultados para as suas funções.

Minha proposta não é fazer do líder o único ou principal cuidador, tampouco criar a expectativa de que não haja mais conflitos nas relações laborais — o que seria impossível —, mas sim oferecer a eles a segurança de que existe a possibilidade de gerenciar doses extras de estresse, deles e de seus liderados. Em outras palavras, "se me desregulei, confio que sou capaz de me autorregular emocionalmente por meio de novas ferramentas oferecidas por meu líder". Aqui está o pulo do gato: reconhecer e aceitar que me desregulei, mas ser capaz de acionar estratégias para voltar ao meu estado organizado e regulado emocionalmente. Se preciso de ajuda, sei que o meu líder, com quem tenho uma relação de proximidade, será capaz de me apoiar na minha regulação emocional.

O líder cuidador não perde autoridade?

Liderados não esperam líderes emocionalmente perfeitos, mas emocionalmente honestos. E, ao contrário do que muitos ainda pensam, a intimidade não faz do gestor o terapeuta do funcionário. Na verdade, o líder cuidador tem a sua influência aumentada. Quando a base é o afeto e o cuidado, a equipe responde com colaboração, criatividade e produtividade máximas. Experimente estender a mão para um colaborador em dor e ele retribuirá com um salto qualitativo com relação à performance, aos resultados e ao desempenho, com gratidão e reciprocidade. Posso garantir que a reação é: "Meu chefe é tão incrível que não vou decepcioná-lo, e a qualquer momento serei capaz de dar aquele gás e me superar além do que foi combinado." E esse funcionário ainda pensará várias vezes antes de aceitar outra proposta de trabalho. Ou seja, o nível de engajamento é alto e garantido.

Se você tentar se lembrar dos gestores que fizeram diferença no seu trabalho ao longo da vida, arrisco dizer que você não se lembrará de quem compartilhou um conhecimento técnico ou até uma forma mais eficaz de alcançar resultados. Nem mesmo se lembrará daquele líder que passou a mão na sua cabeça quando você era iniciante. Os que virão à sua mente serão aqueles que:

- olharam nos seus olhos para dar um *feedback* que mudou o rumo da sua carreira;
- potencializaram as suas maiores habilidades;
- sugeriram a você descansar e recomeçar no dia seguinte, pois notaram que não estava bem;

- chamaram você num canto e apontaram caminhos que você nunca tinha imaginado e que poderiam ser bons para a sua vida;
- ofereceram uma oportunidade porque acreditaram na sua capacidade de ir além;
- validaram a sua dor e se mostraram humanos.

Certa vez fui chamada para ajudar uma empresa familiar que sentia falta de maior integração entre seus líderes. A CEO, com cinco anos de casa, havia chegado com a missão de substituir os membros da família fundadora, que passaram a atuar apenas no conselho. Ela não demorou a mostrar resultados, inclusive de valorização da equipe, promovendo quem havia se formado ali dentro e já conhecia bem o negócio. No entanto, impunha uma distância que incomodava os oito diretores que se reportavam diretamente a ela, porque eles estavam acostumados até então a uma liderança mais próxima.

Minha missão era ajudá-los a rever essa relação entre a líder e os liderados, essencial em uma companhia familiar, onde o engajamento e o laço de confiança são a base, misturando-se, muitas vezes, ao sentimento de família. Em nossa primeira reunião, utilizei o recurso de convidar os participantes a construir uma linha do tempo. Pedi que identificassem os momentos mais críticos, aqueles que mudaram significativamente sua vida — da infância aos dias atuais. Este não é um exercício fácil. A reação foi exatamente a que eu esperava: enquanto alguns encararam o desafio de prontidão, outros sofriam. Olhavam do papel para o relógio, coçavam a cabeça, perdiam a cor e suavam frio. O fato é que não fomos ensinados a reconhecer esses marcos de dor em nossa vida, por mais que existam, reverberem e até atrapalhem o nosso desenvolvimento.

Quando o tempo estipulado terminou, muitos ficaram aliviados; outros, visivelmente surpresos com a quantidade de feridas ainda abertas que sangravam ao serem cutucadas. O exercício, porém, não estava finalizado. A pausa era somente uma estratégia para a retomada de fôlego. Na sequência, eles foram convidados a revisar esses episódios e observar o que tinham aprendido nos tais momentos críticos listados e rememorar quem havia estado presente para apoiá-los e ajudá-los a lidar com cada situação.

O conhecimento necessário para tratar de nossas emoções pressupõe que olhemos para dentro como um primeiro passo para, mais adiante, ressignificar nossa história, acomodar dores, crescer e conviver melhor com elas. Finalizada mais essa etapa, considerei que o campo sistêmico estava aberto, com espaço para cada um compartilhar um ponto marcante da própria história. Por mais que um grupo já se conheça, a visão sobre o colega se transforma ao entrar em contato com um fato desconhecido da vida do outro, uma dor completamente inesperada e tão bem escondida na rotina em comum. Todos os depoimentos foram ouvidos com profundo respeito; às vezes, com surpresa. Ainda que haja lágrimas, ainda que haja tristeza nessas rodas, parece que um véu é retirado e todo mundo passa a se olhar e a se reconhecer com mais nitidez. É quando voltamos a nos ver, não só como colegas, pares, líderes ou liderados, mas como seres humanos.

Um colega iniciou a rodada falando da separação dos pais na infância, uma dor não esquecida, presente em seus relacionamentos de adulto. Outra colega revelou a confirmação de uma doença, após uma longa fase de investigação, mantida em sigilo. Outro descreveu o vazio que sentia com a morte de seu cachorro: a dor de voltar para casa; a solidão em cada ambiente; a saudade não só da companhia, mas da rotina compartilhada; a raiva de quem sugere nova adoção, como se o pet fosse um objeto a ser substituído; a sensação de não saber como continuar.

— Eu sei como você se sente — antecipou-se a CEO. — Sei que me acham distante. Sei também que já se perguntaram por que aceitei essa posição. Talvez a grande oportunidade de tornar essa empresa mais competitiva tenha sido a minha chance de me tornar competitiva de novo, após a perda do meu filho.

Até então, essa líder nunca tinha falado abertamente sobre sua dor. Ela recordou os desafios vividos com o filho adolescente, cuja depressão foi diagnosticada tardiamente, e falou do dia em que o encontrou sem vida no quarto.

— Seis anos depois, eu ainda estou tentando assimilar tudo o que vivi — continuou — e tentando enfrentar o enorme desafio ao criar vínculos com pessoas novas. O medo que me assombra é porque me entreguei de corpo e alma à relação com meu filho e o perdi, e não suporto a ideia de perder ninguém mais que seja importante na minha vida.

A partir daí, nasceu uma nova relação entre os integrantes desse time, segundo o acompanhamento que faço. A dinâmica relacional de um grupo não continua igual após uma vivência como essa. As interações se transformam, os vínculos mudam e os contratos psicológicos são reafirmados com novas concessões, limites e afetos.

— Somos novos humanos ocupando os mesmos cargos — confidenciou-me então a diretora de Recursos Humanos.

O que acontece quando deixamos essas dores serem ventiladas dentro dos corredores das organizações? Resposta: o contrário da fraqueza tão temida pelos líderes atuais. Quando um indivíduo em dor tem a humildade de se expor, ele automaticamente abre um canal para conversas difíceis e deixa explícita uma mensagem poderosa para a equipe: "Quando vocês estiverem se sentindo mal por qualquer razão, aqui será permitido conversar sobre o que for preciso."

No momento em que um ser humano se conecta com outro, as relações se tornam mais profundas, mais respeitosas, envolvidas em maior confiança, maior compromisso. Enxerga-se a pessoa à frente em toda a sua complexidade e beleza, sem marginalizar, excluir ou desaprovar. A autoridade, o engajamento e a eficiência não se perdem. A tensão provocada pelo medo, que impede a dedicação efetiva das pessoas, é substituída pela aproximação, minimizando sintomas típicos de ambientes tóxicos, como baixa participação das pessoas em projetos coletivos, baixo comprometimento em projetos, baixa geração de soluções e baixa capacidade de inovação.

Assim, quando surge um comportamento diferente ou inadequado, ou uma queda de performance, líderes e liderados conseguem perceber mais depressa a sua origem. Durante uma conversa, uma série de perguntas pode indicar se os problemas são pontuais ou recorrentes e se exigem ajuda especializada. Sei que isso tudo é novidade na formação da liderança. Entretanto, já há quem esteja exercitando esse novo caminho, de forma a descobrir qual é a intimidade possível e confortável para si, como figura mais sábia e hierarquicamente superior. A solução é humana, em toda a sua potência e beleza. Da dor, a matéria-prima mais cancelada, surge a oportunidade de se criarem ambientes menos adversos, menos estranhos e menos ameaçadores. Está formada a base segura.

A empresa e a liderança como bases seguras

Ainda que seja impossível controlarmos alguns fatores referentes ao negócio e à realidade de como as relações se constituem no ambiente profissional, o conceito de "base segura" sugere que a organização seja um espaço confiável, acessível a todos os líderes e colaboradores. E que garanta uma experiência de segurança e proteção, sem que membros das equipes corram riscos interpessoais nas atividades cotidianas.

A organização que se apresenta como base segura segue uma agenda positiva e se caracteriza pela forma coerente e íntegra como se posiciona no mundo, oferecendo a seus *stakeholders* aspectos como: cultivo de boas relações, aprendizados e pertencimento. Assim, o conceito de base segura, destacado da Teoria do Apego de Bowlby, quando aplicado às organizações envolve:

- a capacidade da liderança de colocar em prática a competência de regulação emocional, bem como de garantir regularidade nas interações com indivíduos e times;

- o incentivo aos indivíduos que se sentem mais protegidos, para que busquem novos comportamentos de exploração para maior contribuição ao negócio;
- a capacidade da organização de oferecer porto seguro aos colaboradores por meio do equilíbrio dinâmico entre autonomia e independência, bem como estar a serviço da promoção de intimidade, confiança e segurança internalizada.

Esse último item reflete a principal angústia dos líderes atualmente: o quanto acolho *versus* o quanto cobro pelos resultados do time? Quais são as concessões possíveis para não comprometer o negócio? Essa resposta não existe. O estímulo constante de exploração não exclui a necessidade de acolhimento em momentos de dor. O exercício da liderança se revela justamente na oscilação entre o incentivo à intimidade e o incentivo à produtividade, que será permanente.

O líder estenderá a mão quando perceber que o seu liderado está em dor e o empurrará para "a vida" quando ele já estiver mais organizado, reproduzindo o movimento do processo dual criado por Margaret Stroebe e Henk Schut mencionado anteriormente (ver figura a seguir). Para encontrar esse equilíbrio, é preciso fazer um exercício diário, com erros e acertos, até que o líder encontre o próprio tom, garantindo tanto a segurança quanto os resultados que a área precisa entregar.

Na prática, um líder que atua apenas nas tarefas da intimidade corre alguns riscos: pode se misturar emocionalmente com o outro e, em certos casos, chegar a negligenciar os compromissos com as entregas da área. Por outro lado, o líder que tem foco apenas na produtividade, posicionando-se de forma distante emocionalmente do liderado, corre o risco de estabelecer esse vínculo apenas na zona de pressão e cobrança, negligenciando as questões emocionais do liderado quando elas aparecem.

Modelo do processo dual

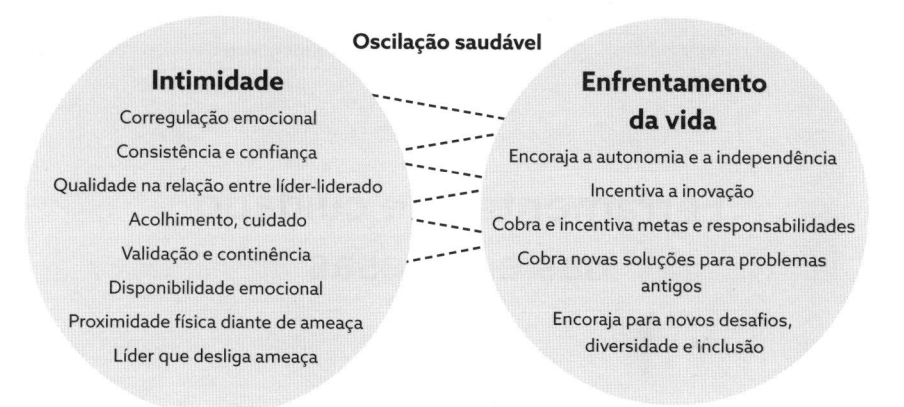

Oscilação saudável

Intimidade
Corregulação emocional
Consistência e confiança
Qualidade na relação entre líder-liderado
Acolhimento, cuidado
Validação e continência
Disponibilidade emocional
Proximidade física diante de ameaça
Líder que desliga ameaça

Enfrentamento da vida
Encoraja a autonomia e a independência
Incentiva a inovação
Cobra e incentiva metas e responsabilidades
Cobra novas soluções para problemas antigos
Encoraja para novos desafios, diversidade e inclusão

Líder como base segura para seus liderados

Em minha capacitação para lideranças, o objetivo é refletir sobre esse novo papel dos líderes, para que eles possam exercer, na prática, o desafio de dançar entre os dois polos propostos no conceito de base segura. O convite que faço todos os dias aos mais diferentes perfis de líderes é que estimulem conversas e diálogos potentes para que seus liderados floresçam e se sintam confortáveis ao procurarem por eles, no caso de sentirem alguma ameaça ou ansiedade. Assim, liderados poderão assumir riscos, porque saberão que contam com ajuda e apoio. Aceitarão desafios, pois se sentirão capazes de resolvê-los, sem medo de pedir ajuda quando necessário. O motivo é simples: quanto maior a expectativa de apoio, maior a verdadeira autonomia e independência.

CAPÍTULO 8

Ferramentas de cuidado nas empresas

Para que os profissionais envolvidos nas iniciativas de cuidado dentro das empresas possam lidar com diferentes dores, perdas e adoecimentos mentais, é necessário ter em mente algumas estratégias. A partir do domínio dessas ferramentas, eles serão capazes de ampliar o repertório de enfrentamento, repensar o tabu sobre o tema e oferecer mais espaços de expressão e validação das dores, ao lado de um olhar mais humanizado, preventivo, profundo, afetuoso e ético.

O objetivo é facilitar e contornar as situações de dificuldade e de conflitos existenciais encontradas no ser humano, dentro e fora do ambiente corporativo. O manuseio adequado dessas ferramentas poderá descomprimir sofrimentos, proporcionando mais segurança, tanto para os que são acolhidos em suas dores quanto para aqueles que percebem uma condição desencadeadora e se aproximam com a intenção de formar uma aldeia de cuidados.

Apresento, a seguir, nove ferramentas possíveis de serem utilizadas nessas circunstâncias.

1. Autoconhecimento

Só há uma forma de não se vitimizar e não responsabilizar a organização por todas as nossas dores: enfrentar o processo de autoconhecimento. Essa é a ferramenta mais importante, pois traz pistas sobre o reconhecimento, a aceitação e a identificação da natureza dos nossos sintomas. O processo de autoconhecimento é intransferível. Se eu me conheço, ninguém me ofende ou me ataca.

Ninguém pode passar por esse processo em nosso lugar, e encará-lo é uma escolha. Ele remete para a possibilidade de desvendar as nossas camadas à medida que nos sentimos prontos para essa viagem que não tem volta, seja na terapia, na atividade física, na arte ou em qualquer movimento que me faça ampliar minha função reflexiva e minha consciência. Quanto menos eu sei de mim, mais jogo minhas frustrações na conta do outro.

Por que estou agindo dessa forma? Por que me sinto mais ansioso em determinada reunião? Por que estou sentindo o que estou sentindo? Por que estou me comportando desse jeito? Onde coloco minha energia vital? Onde a desperdiço? Como posso poupá-la? Abra sempre uma investigação sobre você, seus pensamentos e sentimentos. Em que circunstâncias eles se repetem? Que sintomas aparecem? Angústia, boca seca, taquicardia, queda de cabelo, dores no estômago? Consegue perceber em que momento e diante de que pessoas esses sintomas afloram? Procure respostas em seu corpo, pois ele é um ótimo mensageiro.

Embora possa parecer cansativo, essas são perguntas às quais só você pode responder. É durante o longo e constante processo de autoexploração que encontramos nossa maior potência para seguir praticando o bem. Novas perspectivas nascem a partir daí. Outros elementos entram nessa equação, ajudando-o a encontrar respostas para questões que machucam. Cada um de nós vai interpretar a realidade de acordo com o próprio repertório. À medida que encontro essas respostas, amplio a minha capacidade de entender minhas emoções, lidar com elas, dominá-las e utilizá-las a meu favor, entendendo também que elas são mensageiras importantes nesse processo.

Transformar o desconhecido em conhecimento é a principal fonte de cura. E pressupõe uma constante exploração das angústias, do mundo interno. E quando começo a me organizar por dentro, começo a enxergar o mundo externo de outro ponto de vista. O processo evolutivo nos entrega o maior presente da vida: o autorrespeito. Esteja certo de que respeitamos mais aqueles que mais se respeitam. Autoconhecimento é um trabalho para a vida toda. E é, ainda, um exercício de autoacolhimento com as descobertas feitas ao longo do caminho. Não é simples, é sempre muito abstrato e é um processo sem fim. A partir do momento que você começa, não há como retroceder na busca da sua verdade. E de quem você é, também, no contexto do trabalho.

2. Presença: respiração, silêncio e escuta gentil

Não há nada mais útil do que sentir a presença de si mesmo. Sentir a própria presença é uma ferramenta sutil, pois tem a capacidade de nos convidar a entrar em um portal onde são permitidas sensações nunca experimentadas. Para senti-las, porém, é necessário fazer o exercício diário da respiração, do silêncio e da escuta gentil. Nossa presença está a serviço de nós mesmos e, sobretudo, do outro. Ela nos ajuda a processar tudo aquilo que sentimos, falamos, escutamos e reverberamos.

A respiração é uma forma de acessar nossa presença. Experimente e seja um disseminador desta técnica: dois ou três minutinhos de olhos fechados, respirando, pela manhã, mudarão a qualidade do seu dia. A respiração ajuda a reduzir os batimentos cardíacos, estabilizar a pressão arterial, oxigenar nosso cérebro e, consequentemente, nos permite tomar melhores decisões. Qualquer ameaça se torna menos letal. Essa ferramenta milenar de resposta ao estresse é simples, embora subutilizada.

Sob ameaça, nossa respiração se torna mais curta e ficamos mais ansiosos e mais impulsivos. Estar presente, atento, simplesmente respirando, nos remete de volta ao estado de regulação emocional. No entanto, muitas pessoas se sentem desconfortáveis ao ficarem "apenas" respirando, em silêncio. Aprenda a suportar o desconforto do silêncio. O silêncio é uma prece. Este é outro belo exercício de presença e completude.

Estamos acostumados a querer dar imediatamente uma resposta enquanto o outro fala. Experimente silenciar sua mente, exercitar a presença e se deixar levar pela diminuição dos ruídos externos, perseguindo, sempre que possível, um lugar com mais paz e menos angústias. Quando pensar em falar e preencher o vazio, garanta que suas palavras serão mais potentes do que o silêncio.

Quando estamos presentes, interrompemos os nossos pensamentos acelerados, e conseguimos escutar nossa respiração e o batimento do coração, além de conseguir dissolver nossas tensões e nos colocar à disposição do outro, integralmente. O silêncio ajuda a apurar a sensibilidade. Estar em silêncio não significa desinteresse. Ao contrário, na maioria das vezes é exatamente disso que o outro precisa, de alguém interessado em emprestar amorosamente seus ouvidos.

O comportamento não verbal também é efetivo em situações de dor. Um abraço, um colo ou gestos às vezes valem mais do que mil palavras. Mas já entendemos que, para acomodar dores, é preciso, primeiro, entrar em contato com elas e sentir na pele o que elas têm a oferecer. No mundo corporativo, o silêncio não é visto com bons olhos. Fomos incentivados a nos posicionar assertivamente. O líder capaz de cuidar da verdadeira dor dos indivíduos usa o silêncio como ferramenta de introspecção para acalmar os ânimos.

3. Interesse genuíno pelo outro e acolhimento

Desenvolver um olhar mais atento em direção ao outro nos torna capazes de identificar as dores alheias e transformar as relações. Foi o genuíno interesse pelo outro que permitiu ao diretor de uma empresa perceber e atuar num momento em que sua gerente sênior estava em sofrimento.

— Ela estava lá, mas ausente — disse, resumindo a situação para mim, após cerca de um mês de mentoria.

Essa gerente sênior tinha sido contratada quatro meses antes, com as melhores recomendações e referências durante o processo seletivo. E ela não decepcionou. Mal ingressou na empresa, começou a exibir um excelente desempenho. Não precisou de período de experiência; em três meses já fazia a diferença. Por isso a mudança brusca foi sentida — queda no resultado, atraso em reuniões, desorganização, apatia diante da equipe —, embora seja comum fecharmos os olhos para as alterações no comportamento dos colegas. Mais do que isso, listamos motivos para "não nos metermos".

A dor é classificada como uma experiência desagradável tanto física quanto emocional, e uma influencia a outra. Mesmo assim, nem sempre ela é evidente. Em *Comunicação não violenta*, o falecido psicólogo norte-americano Marshall B. Rosenberg aborda a comunicação alienante da nossa sociedade, que "se concentra em classificar, analisar e determinar níveis de erro, em vez de fazê-lo no que nós e os outros necessitamos e não estamos obtendo".[1] A comunicação se torna ainda mais desafiadora no mundo corporativo, pautado por performance e impessoalidade. Em tal ambiente, os julgamentos moralizantes são comuns e qualquer vulnerabilidade pode ser rotulada como fraqueza, incapacidade e incompetência, intensificando sentimentos de culpa, medo e vergonha e abrindo a porta para inseguranças, sofrimentos e adoecimentos.

Assim que cimentamos o muro invisível que impede a conexão verdadeira entre os seres humanos, de onde, contudo, poderia advir a cura para males diversos. Nesse contexto, o primeiro passo dado por aquele diretor não estava incorreto — no lugar de se basear só em performance, ele preferiu observar. A dor se esconde, muitas vezes, em pequenos detalhes. O que causa uma emoção gigante em mim pode não significar nada para você; e é aí que mora a dificuldade de identificar o que acontece com o outro. Em geral, quatro comportamentos podem sinalizar uma pessoa em sofrimento:

- mostrar-se paralisada, entristecida e distante da rotina e das atividades básicas, configurando sintomas de uma síndrome amotivacional;
- afastar-se de encontros ou reuniões, eventualmente com câmeras desligadas, pode ser sinal de desânimo e nenhuma vontade de socializar;
- isolar-se pode sinalizar que a pessoa não quer que ninguém saiba de sua dor ou, ainda, que ela acredita não ser uma boa companhia;
- sentir dificuldade para dormir, mudar drasticamente a alimentação (comer menos ou mais) e apresentar alterações repentinas de humor são outros indicadores preocupantes.

E a queda de produtividade? Em um primeiro momento, ela pode não significar muito. Não somos máquinas, com produção linear ou constantemente ascendente, ainda que alguns empregadores insistam nisso. Já se a queda persistir, pode ser válido buscar uma aproximação e criar um espaço menos frio do que uma sala de reuniões para estender a mão. Aquele diretor passou várias semanas observando sua gerente de perto. Não sabia, porém, o que fazer. Iniciar uma conversa difícil é um dos principais dilemas da liderança. Por um lado, há o receio de ser invasivo ao abordar temas ou situações que não fazem parte do escopo profissional; por outro, há o receio de criar uma dependência e de se iniciar uma conversa para a qual não haja solução.

O diretor já estava decidido a começar essa conversa difícil quando recebeu uma mensagem da gerente solicitando uma reunião. Ela não expôs o motivo, mas pediu que o encontro fosse em particular. Como se preparar para uma situação como essa? Não há manual, não há planilhas, não há PowerPoint. É preciso desarmar-se. Muitos líderes me perguntam o que é exatamente um acolhimento e como exercer essa tarefa tão complexa. Primeiro, desligue o celular e distancie-se de preconceitos. Iniba julgamentos moralizantes. Sim, eu sei que eles vão aparecer, afinal, somos humanos, mas o que você vai escolher fazer com seus julgamentos é o que fará a diferença. Em segundo lugar, rejeite qualquer anseio de ter resposta pronta para o problema.

Quando o diretor e sua gerente se encontraram, ela logo tomou a frente. Estava com a decisão tomada: queria seu desligamento imediato da empresa. O diretor buscou esclarecer o motivo e, aos poucos, entendeu o que estava acontecendo. O sogro dela tinha sido diagnosticado com câncer. O tratamento seria agressivo, exigindo também da sogra toda a concentração e dedicação. Logo, esses avós não poderiam mais ajudar a cuidar do neto, que demandava atenção especial.

— Um pedaço de mim ruiu — resumiu a funcionária, em meio a um momento desorganizador que a deixava em carne viva.

O diretor não reagiu impulsivamente. Suspirou e disse:

— Primeiro, vamos respirar juntos.

Após o exercício de respiração, ele deixou que o silêncio preenchesse o ambiente e trouxesse respostas. Deixou que as palavras ditas e as não ditas se assentassem, que as emoções fluíssem e que os batimentos cardíacos se acalmassem — não só os dela; os dele também. Permaneceram assim sabe-se lá por quanto tempo. Eram só dois seres humanos respirando juntos. No momento certo, as palavras retornaram.

A primeira ação do diretor foi garantir que ela não precisava se demitir. Eles poderiam conversar mais e, juntos, descobrir uma forma de ajudá-la. Aquela mãe executiva estava em luto. O diagnóstico do sogro colocava em risco a vida dele, gerava preocupação para o marido dela e para a sogra, implodia sua rede de apoio, alterava a rotina e o bem-estar do filho, ameaçava o seu trabalho e a sua autonomia. Seu desempenho já não era o mesmo e, diante do que viria, ela não conseguia ser otimista. Seu mundo presumido havia desabado.

— Você precisa de tempo para pensar — disse o diretor. — Agora, o trabalho não deve ser uma preocupação.

A segunda ação do diretor foi conseguir um afastamento temporário para ela. E ele combinou com a equipe que, durante esse período, ela não seria acionada, a fim de que pudesse apaziguar o que sentia e se reorganizar. Quando me encontrei com ele, tudo isso já havia acontecido. Sua preocupação era saber o que mais poderia ter feito.

— Nada — respondi. — Você se fez presente não só como chefe, mas como ser humano, pronto para se conectar com ela. Doou seu tempo, sua escuta, sua mente descansada para encontrar uma solução, ainda que temporária. Usou todos os recursos disponíveis então, como ser humano e como líder, a serviço da sua funcionária.

Ele havia escolhido colocar o cuidado no centro das relações e das decisões, por isso, naquela situação desafiadora, acolheu a colega. Quando pensamos em acolhimento, no nosso imaginário impera a cena da mãe dando colo ao filho. Na vida adulta, validar o que o outro sente, deixar que ele expresse uma emoção que muitas vezes ele mesmo considera inapropriada, não é tão simples assim. O acolhimento é a antítese do trauma. Um bom exemplo dessa prática ocorre a partir de uma disponibilidade emocional genuína, é uma oportunidade de comunhão, é proximidade física, é contato humano. Abre-se um espaço de confiança entre duas pessoas, um espaço para respeitar o tempo do outro, para ventilar a dor e processá-la, enquanto ela é narrada por meio de palavras.

No entanto, o acolhimento não é tão praticado em nossa sociedade por três motivos. Primeiro, porque nossa cultura o subvaloriza e o considera pouco eficaz, embora ele seja extremamente necessário nos dias de hoje. É possível aprender a exercitar o acolhimento, contudo, insisto: ele é humano, não é técnico. Exige nossas habilidades mais básicas e exemplares, como a doação de nosso tempo, o silêncio, o olho no olho, o interesse pela narrativa do outro, a proximidade física. Exige ainda nos despirmos da arrogância de querer apresentar imediatamente respostas complexas e inteligentes.

O segundo motivo é não entendermos o que é empatia. Aprendemos que empatia é se colocar no lugar do outro. Essa definição que ouvimos pelos quatro cantos é um dos motivos pelos quais é tão difícil exercer e alcançar essa prática. É humanamente impossível nos colocarmos no lugar do outro. Nós não vivemos o filme da vida do outro, tampouco suas experiências de dores e amores. O único gesto possível é tentar conectar o meu humano com o humano do outro. Isso é empatia. É quando eu me interesso por ele e valido o que ele viveu e sente, mesmo sendo algo distante da minha realidade, diferente da minha história. Dessa forma, torna-se mais fácil o exercício da empatia, que envolve colocar o afeto e a escuta adulta a serviço do outro.

E, por último, o terceiro motivo pelo qual o acolhimento não é tão praticado em nossa sociedade reside no fato de que aproximar-se da dor do outro revela e escancara nossas dores. Em geral, não gostamos de olhar nem as nossas dores nem as nossas dificuldades. Quando abro dentro de mim espaço para escutar a dor alheia, eu me encontro, necessariamente, com as minhas dores. E isso é perturbador. Mas também é assim que se abre espaço para a expressão da dor. É assim que é possível entender os momentos em que o colaborador não tem condições de entregar o seu melhor.

4. Compartilhamento de histórias

Contar histórias é um instrumento generoso que abre portas para uma conexão mais profunda. Todos nós temos boas histórias para compartilhar. Sobre ocasiões em que a vida nos arremessou para o fundo do poço e das quais colhemos aprendizados; ocasiões das quais não nos orgulhamos, mas que, no momento em que as vivemos, pareciam ser o melhor caminho; ocasiões das quais morremos de vergonha, mas que quando as contamos podemos rir de nós mesmos; ocasiões que nos emocionaram e abalaram nossas estruturas, com suas sombras e crenças; ocasiões que nos preencheram de amor e que sentimos enorme prazer em relembrar.

Ao compartilhar histórias, o risco que se corre é aumentar o nível de interação entre as pessoas, já que elas se sentirão mais seguras e protegidas por terem encontrado um espaço em que é permitido e autorizado descarregar verdades. Conectar-se com as pessoas em um nível emocional expressa o que há de mais revelador nas relações — a vulnerabilidade. O ato de contar histórias vivenciadas gera uma escuta, uma atenção relaxada, causa comoção, permite improvisos e mais envolvimento com a experiência do outro.

Compartilhar a intimidade em um espaço seguro é uma estratégia de sucesso garantida, porque certamente a qualidade dessa relação mudará. Se eu conheço as histórias das pessoas com quem trabalho, por meio de suas narrativas, decerto serei capaz de entender muito mais o que acontece na vida delas e, sobretudo, suas dores e fortalezas. Cada história carrega consigo uma lição ou um ensinamento que deve ser respeitado, por isso é preciso abrir a caixa do sentir que está por vir, permitindo que o elo seja baseado na expressão de quem conta e na curiosidade e no interesse de quem escuta.

Quando é possível impactar por meio da construção de narrativas, eleva-se o nível de interação e de engajamento, além de se estreitarem vínculos e de se encurtarem distâncias para novas influências. Humanizar as relações no trabalho é desenvolver um elo mais emocional com todos os envolvidos, permitindo que histórias sejam contadas nos corredores e nas salas de reunião, hoje assépticos a emoções.

5. Rituais

O ritual é uma ferramenta terapêutica caracterizada por uma cerimônia cuja marca é a repetição, a ordem, o fortalecimento de vínculos e a promessa de continuidade. É um espaço de preservação coletiva da equipe. Além de fomentar a expressão e a validação das dores e das questões profissionais, rituais dão controle, delimitam as fronteiras do time por meio de aterramento, segurança, intimidade, possibilidade de conversas difíceis e elaboração. No momento em que o ritual acontece, tudo é permitido, inclusive discordar. Isso acontece não apenas pela cordialidade, mas porque os rituais promovem um sentimento de integração e de colaboração no time. O ritual é um espaço de cuidado fértil para celebrações, confraternizações, acordos, confidências e sigilo.

Sugira e explique que haverá uma agenda formal, anual e flexível, para que todos respeitem e valorizem esse encontro. Também cabe pensar nesses encontros como forma de incentivar novos saberes para além dos conteúdos técnicos. Você pode fazer isso por meio do compartilhamento de um artigo, uma leitura e/ou discussão de livros. Troque impressões, faça com que o grupo entenda a importância de novas perspectivas para problemas antigos. Outra forma de aproveitar bem os rituais é incluir práticas que gerem significado coletivo para o time, por exemplo:

- respirações conscientes, que podem ser livres, mas que reflitam e neutralizem o estado emocional do grupo;
- rodada de apreciações: nomear qualidades do outro demonstra respeito, reconhecimento e admiração, fazendo com que os indivíduos entendam quais são suas principais contribuições e destaques;
- compartilhamento regular do que você tem feito para se cuidar. Esse gesto gera guardiães do cuidado e da cultura,

disseminando formadores de opinião de que práticas de cuidado individual estimulam a prática de cuidado coletivo.

A energia dessas práticas nos abastece. É prazeroso poder despertar no outro a consciência para algo que sinto e acredito que me faz muito bem. Não podemos perder a oportunidade de criar nas empresas espaços como esses, que potencializam o desenvolvimento mútuo por meio do comprometimento consigo mesmo e com os demais.

6. Autocuidado de verdade

No livro *Autocuidado de verdade*, Pooja Lakshmin, psiquiatra e escritora norte-americana especializada em saúde da mulher, explora as contradições da indústria do bem-estar e propõe um modelo revolucionário para praticar o verdadeiro autocuidado.[2] Trata-se de um processo crítico e interno que envolve tomar decisões difíceis a nosso respeito, como estabelecer os próprios limites, prestar atenção na forma como nos dirigimos a nós próprios e ter criticidade para colocar nossa voz em espaços de confiança. O autocuidado permite que nos antecipemos, escolhendo as batalhas pelas quais realmente vale a pena lutar.

Gosto muito de citar a psicologia positiva, que sugere que, para se alcançar um estado de felicidade e bem-estar, é preciso fazer o exercício de viver, ao longo de um dia, 75% de emoções positivas e 25% de emoções negativas. O que isso quer dizer? Não se trata de estar feliz o tempo inteiro e ignorar as dores. Para conquistar bem-estar, é preciso prestar atenção ao que está acontecendo, perseguir o equilíbrio e buscar incluir na rotina atividades que tragam boas sensações. Repare que este é um exercício profundo de presença e consciência. Se percebo que o meu dia está pesado porque me senti insegura com um incidente no trânsito, porque estou ansiosa com uma entrevista de emprego ou por qualquer outro motivo, preciso investir em atividades que me tragam mais prazer, relaxamento e até alegria. Vale fazer uma pausa para tomar um café com um colega, dar uma volta no jardim ou escolher uma atividade que me faça entrar em *flow*.

O conceito de *flow*, do inglês "fluxo, corrente, fluir, correr", foi criado pelo psicólogo húngaro-americano Mihaly Csikszentmihalyi, um dos expoentes da psicologia positiva, ao lado do também psicólogo norte-americano Martin Seligman.[3] Segundo eles, entramos em *flow* quando praticamos atividades que geram prazer, por aportarem previsibilidade a um mundo impermanente; bem-estar, por despertarem emoções positivas; e foco, porque colocam a nossa atenção em uma experiência tão positiva que perdemos a noção do tempo. Estar em *flow* é ter aquela boa e velha sensação de "não ver o tempo passar".

Não importa qual seja o seu *flow*. O que importa — e é urgente — é ter conhecimento das atividades que lhe dão prazer, preferencialmente aquelas que não são efêmeras, que se sustentam a médio e longo prazos. Se você não conhece a atividade que lhe oferece tanto prazer a ponto de não ver o tempo passar e que o preenche existencialmente, insisto, é urgente fazer essa busca. Diminua as distrações e as interações para se ouvir e se reconectar com seus sentidos, conhecer e sentir seu ritmo. Certamente essas pausas lhe trarão respostas valiosas a seu respeito. Que lugar é aquele em que você se reencontra e no qual nunca se arrepende de estar?

Incluir prazeres na rotina traz previsibilidade, ajuda a organizar a vida e a ser mais gentil consigo mesmo. Se você desconhece ou não lembra que sensações são essas, aproveite uns minutos para refletir sobre as suas escolhas e prioridades. O que estou fazendo para me cuidar? O que estou fazendo para cuidar do outro? Posso cuidar do outro se não dou conta de me cuidar? É preciso lembrar que somos seres humanos, que as crises passam, mas que as sequelas emocionais ficam, caso optemos por negligenciar nossas necessidades básicas, como pausas, sono, atividade física e pedido de ajuda quando for o caso.

Vale ressaltar que a atividade física, sozinha, não cura adoecimentos mentais, embora seja um excelente indicador que previne intercorrências por meio da energia em movimento. O sono também é um indicador de descanso e reparação para que a nossa bateria interna seja recarregada, nos preparando melhor para o dia seguinte. Mesmo reconhecendo que algumas realidades são duríssimas e que para muitos o acesso ao cuidado é inviável, sugiro que você inclua na agenda a priorização de pausas, aumentando as chances de enfrentar de uma maneira mais eficaz as adversidades do dia a dia.

7. Repactuação e revisão de acordos

Criar espaços de conversa dentro das empresas nos obriga, inevitavelmente, a revisitar o que se entende por relações de trabalho, que, na verdade, representam muito mais do que uma troca entre organizações e pessoas, entre quem compra e presta serviço. O contrato de trabalho, que estipula os direitos e as obrigações tanto da empresa quanto do empregado, foi uma convenção criada pela sociedade para facilitar a comunicação entre as partes e aumentar a segurança psicológica e jurídica entre elas, a fim de gerar menos conflitos e mais produtividade. Porém, a evolução da tecnologia gera um impacto não contemplado no papel — e em um ritmo cada vez tão mais acelerado que vem mudando a forma de produzir e, também, de viver.

Por isso acredito ser necessário revisitarmos as cláusulas desses contratos que, na maioria das vezes, estão estacionados nas gavetas. O objetivo é repactuar a relação laboral, assim como as nossas relações pessoais, principalmente em momentos de dor. Para tanto, ambas as partes devem ponderar sobre algumas questões a fim de alcançarem, juntas, acordos de convivência que possam levar mais leveza, liberdade e autonomia para o ambiente organizacional.

O que é possível repactuar nessa relação entre liderado e organização? Entre líder e liderado? Como podemos rever a forma de atuar e entregar resultados? O que é possível repactuar com a minha empresa após uma experiência desorganizadora de perda ou de rompimento de vínculos? Do que posso abrir mão em prol de outros benefícios? A repactuação é uma ferramenta muito potente de desenvolvimento, tornando o vínculo laboral mais dinâmico e atrativo. Esta não é uma prática vigente ou comum no ambiente organizacional, mas deveríamos repactuar constantemente nossas relações, atualizar antigos combinados e demonstrar flexibilidade para a sustentação das mudanças e abertura para responder a todas as perguntas.

8. Feedback

O feedback é outra ferramenta vital, mas que, na maioria das vezes, é subvalorizada e, em muitos casos, é apenas um protocolo anual ou semestral de avaliação de desempenho. Os líderes se reúnem com cada integrante da equipe para comunicar lacunas de competências, habilidades e atitudes, de acordo com exemplos coletados ao longo do ano. Mas esquecem que feedbacks são relativos a aspectos comportamentais do indivíduo e que palavras ao vento, uma vez ao ano, é quase o mesmo que nada. Pior: geram raiva no liderado porque fica explícito para este que o líder não fez com propriedade e seriedade seu dever de casa.

Uma pesquisa do Instituto Gallup, nos Estados Unidos, verificou que esse é o único momento em que mais da metade da liderança mantém uma conversa sobre performance com o time. A maior parte (70%) deixa para fazer isso, literalmente, no último dia do ano, tamanha a falta de consciência sobre a relevância da tarefa.[4] Esse *modus operandi* é mais fácil e cômodo do que manter um canal regularmente aberto, o que exigiria do líder mais dedicação, comunicação e atenção, não só sobre o desempenho e os resultados, mas também sobre as dores, os objetivos e planos de seus liderados. Perde-se, portanto, uma boa chance de aproximação e de desenvolvimento dos profissionais, abrindo espaço para elucubrações e até fantasias sobre a rotina e a performance.

É natural que, sem um retorno frequente, as pessoas comecem a fazer questionamentos como: "Será que estou no caminho certo?"; "O que eu deveria ter feito para ser reconhecido?"; "Como posso melhorar?"; "Por que não fui considerado para a promoção?"; "Onde foi que errei?"; "O que eu poderia fazer diferente?"; "Será que vou ser mandado embora?". Quando o CEO de uma determinada multinacional identificou a necessidade de rever o processo de feedback de sua empresa, me convidou a dar um treinamento para a liderança. Durante o processo, uma das diretoras perguntou:

— Como vou saber qual é o sonho de cada integrante do meu time?

Ao ouvir a pergunta, o CEO se adiantou:

— Você não sabe qual é o sonho dos seus liderados? Não sabe qual é o próximo passo que eles gostariam de dar na carreira? Temos então um problema gravíssimo, na minha opinião.

Constrangida, a diretora tentou se justificar, dizendo que não havia participado da seleção de todos os integrantes do seu time, o que só confirmou a distância existente no grupo — uma situação, infelizmente, comum.

Uma pesquisa da EDC Group, multinacional especializada em gestão de pessoas e processos, demonstrou que apenas 19% dos trabalhadores têm uma boa relação com seu chefe.[5] E os demais? Estes relataram viver relacionamentos complicados, resultantes de falta de apoio e de abertura, além de excesso de controle e cobrança. Todo mundo sai perdendo — no curto e no longo prazo. O liderado perde em saúde mental; o líder perde em capacidade de gerar soluções; o negócio perde em produtividade. Sufocado, o funcionário não visualiza futuro na empresa, que não consegue ter um *pipeline* de talentos para alimentar seu plano de sucessão.

Não deixe para corrigir a rota pontualmente. O feedback deve ser constante, sempre que necessário, no dia a dia, por mais dedicação que isso exija. Feedbacks regulares demonstram a capacidade do líder de estar próximo de sua equipe, estabelecendo com ela uma relação de confiança, capaz de colocar em pauta temas que superam as responsabilidades, as metas e as entregas, e criando espaço para falar de assuntos mais espinhosos quando eles aparecerem.

Discutir a relação com responsabilidade afetiva e boa intenção é basilar. Foque no comportamento a ser aperfeiçoado, prepare-se, tome nota e leve a sério. Um bom feedback pode mudar o rumo de uma carreira e, às vezes, da vida. É capaz de levar clareza, esperança, alinhamento de expectativas e mais afeto para essa relação. É o momento em que a liderança funciona como base segura, e não mais como fonte de ameaças.

Diálogos e feedbacks construtivos preservam a saúde mental, inibem a ansiedade, eliminam pensamentos persecutórios, evitam a ruminação e aliviam o desânimo e a tristeza, pois impedem que fantasmas se proliferem com a ausência de informação.

9. Encaminhamentos e acompanhamentos

No contexto organizacional, após toda a tratativa de acolhimento e ventilação das dores, é possível oferecer controle e explicação sobre os passos seguintes. Munir os colaboradores de informações e garantir o entendimento do que pode ou vai acontecer ajuda a criar esse ambiente de segurança, reduzindo as incógnitas e, em consequência, as ameaças diante das ruínas do mundo conhecido até então.

Isso se torna ainda mais relevante quando um adoecimento ou processo de luto envolve alguém em posição-chave, visto que tal fato impacta imediatamente a rotina da área, as interações com outras áreas e as providências relacionadas à sucessão e à comunicação para os demais colaboradores, às vezes fornecedores e clientes. Dessa forma, o time consegue recuperar a funcionalidade mais rapidamente e ter confiança de que é possível atravessar o período crítico.

A falta de encaminhamento também cria muros invisíveis nas relações. Foi o que aconteceu com uma das minhas mentoradas, coordenadora de uma multinacional e mãe de uma criança portadora de síndrome rara, com sério impacto sobre sua expectativa de vida. Antes mesmo de chegar à adolescência, as internações aumentaram; a duração delas também. Na última, foram dois meses no hospital.

Quando conversamos, essa mãe não se queixava da empresa nem do seu líder. Tinha conseguido com seu gestor uma licença extraordinária que lhe permitiria viver intensamente cada etapa — da vigília durante a internação à despedida final. Contudo, ela voltou ao trabalho sem conseguir performar como antes. Cobrava-se e culpava-se por não ser mais a mesma profissional.

Ainda durante a internação, a preocupação se tornou uma dor física. A angústia lhe provocava palpitações que a mantinham acordada boa parte das noites. Dormia devido à exaustão, quando já estava amanhecendo. Em nenhum momento dividiu essa angústia com seu superior. Quando voltou ao trabalho, a dificuldade para dormir permaneceu, atrapalhando a sua concentração e a sua organização. Perdeu reuniões, esqueceu-se de prazos. Sua saúde mental se deteriorava dia após dia.

Não era para menos. Ela retornara de uma guerra. Após um estado de hipervigília, caracterizado por impotência, qualquer soldado volta para casa com a adrenalina baixa. O ambiente familiar e a rotina não apagam aquela sensação estranha, de tristeza profunda, inadequação e desconexão social apavorante, não só com o lugar e com as pessoas, mas também consigo mesmo. Vive-se uma ressaca existencial, acompanhada de exaustão pelas feridas abertas durante a batalha. Essa situação é um terreno fértil para adoecimentos mentais.

Essa mãe ruminava perguntas, além de imensa autocobrança: "O que será que o meu líder está pensando? Será que ele está notando meu péssimo desempenho? Como será a reação dele e da empresa se eu contar o que está acontecendo? Será que vou ser demitida? Quanto tempo ainda tenho? Onde vou conseguir outro emprego? Quando voltarei a ser eu mesma?"

Seu líder estava alocado em uma unidade distante geograficamente. A comunicação se dava por mensagens e em algum momento ela havia dito que precisava voltar ao trabalho para ocupar a mente. Mas, no retorno às atividades, ele não percebeu que ela estava em sofrimento ou que talvez precisasse de mais tempo em casa. Por mais empático que ele se mostrasse, a falta de contato físico, de olho no olho, não a incentivava a começar uma conversa franca com esse gestor, que não fazia ideia do que estava acontecendo.

Minha primeira pergunta foi:

— Por que você precisa passar por tudo isso sozinha? Em que momento você aprendeu que não podia pedir ajuda? Pelo que você está me contando, seu chefe foi impecável na condução de tudo que você passou.

E a minha recomendação foi:

— Levante a mão e peça ajuda. Você precisa se comunicar para que ele entenda o que você está passando, crie a oportunidade para que ele possa apoiá-la e tomar as medidas necessárias antes que seja tarde demais.

Essa comunicação deve ser um movimento de mão dupla. Por parte do líder, que deve estar por perto e atento a essas situações mais críticas até que estejam estabilizadas; por parte do liderado, que deve comunicar que não está dando conta e que vai precisar de mais tempo para se reorganizar. Nesses casos, o acompanhamento serve justamente para sentir a evolução e prevenir novos prejuízos emocionais. Monitorar o retorno ao trabalho é crucial para a "garantia" de que as responsabilidades e as obrigações não se transformem em uma camada extra de dor. Na tentativa, às vezes a qualquer custo, de resgatar a performance e a potência, podemos, sem perceber, alongar um percurso que podia ter sido evitado e comprometer outras pessoas, além do resultado final.

CAPÍTULO 9

O passo a passo da Abordagem de Cuidado

— Nós resolvemos problemas todos os dias, mas não sabemos o que fazer com esse — disse-me a executiva de Recursos Humanos de uma startup, após relatar o falecimento do filho de sete anos de um dos diretores.

A empresa estava preparada para lidar com as dores do rápido crescimento corporativo, mas não com a perda de alguém. E essa dor reverberava em todos — no pai, na família, no time, na organização. Tinha gosto de tristeza, de impotência, de falta de controle, de arrependimentos. Quanto maior o amor, maior será a travessia da dor. Quanto maior o conflito, maior a complexidade e mais exigidos seremos — nós, os que queremos oferecer apoio a quem precisa — para encaminhar novas soluções ao ambiente corporativo.

Independentemente da situação, o caminho será sempre de dentro para fora, ao contrário do que espera a maioria das pessoas que se entrega ao processo de ajudar o outro, insistindo na resposta imediata e pronta, alegando falta de tempo ou pressão por parte da empresa. Não podemos poupar o outro do seu sofrimento, mas podemos ser um termômetro emocional capaz de validar feridas e confiar na prática. Assim, apresento, a seguir, a Abordagem de Cuidado como um ponto de partida, uma sugestão, uma referência para que você possa começar a experimentar.

Abordagem de Cuidado

Passo a passo para apoiar o colaborador em processo de dor, luto ou adoecimento mental

1. Identificação de sinais ou sintomas

O primeiro passo para apoiar o colaborador é garantir que há *interesse genuíno por ele* e pela oportunidade de observar e identificar sinais de que ele pode estar precisando de ajuda. Em casos de luto, a informação e o comunicado podem ter chegado pelas vias formais da empresa, ou a notícia já pode ter se espalhado por meio de outros colegas. Abra uma conversa com você mesmo para tentar ouvir e sentir pequenos detalhes que podem dizer muito sobre o seu estado emocional e das pessoas que estão no mesmo ambiente que você. Tente perceber no seu corpo se há alguma reação nova que o ajude a dialogar com sua intuição.

É primordial fazer um mapeamento do contexto, tentar ler o outro, nomear sentimentos, perceber reações latentes e manter-se firme na tensão e na intenção de se colocar a serviço do outro. Siga nesse diálogo interno, abrindo novas perguntas. Algo chama sua atenção? Alguma atitude nova que pareça estranha? Algum sintoma novo ou sinal fora da rotina? Algum relato mais sensível, alguma dor ou crise mais aparente? Algum conflito mais recente? Identificou algum problema real? Se sim, siga com a abordagem.

2. Ouse se aproximar

Qual a sua reação quando percebe alguém em dor? Um desejo de se aproximar imediatamente surge para acudir? Ou você prefere se afastar e não se envolver? Se a resposta for pelo impulso de aproximação, antes de tomar a iniciativa, responda a mais esta pergunta: "Qual o meu grau de intimidade ou de confiança com essa pessoa?" Se existe abertura para essa aproximação e você se sentir confortável, siga adiante.

Contudo, caso não se sinta à vontade porque não tem uma conexão estreita com o colaborador em questão, talvez você não seja a pessoa ideal para seguir com a abordagem de aproximação e cuidado. Nesse caso, você pode procurar alguém que tenha um vínculo estabelecido com aquele indivíduo e possa fazer a aproximação.

Converse sobre o caso, explique os sinais que você percebeu e os motivos pelos quais está pedindo ajuda. Certifique-se de que essa pessoa quer o bem daquela que precisa de ajuda e garanta que a abordagem se realizará. O único caminho proibido nessa etapa é negligenciar o caso sem monitorar os passos seguintes, ainda que de longe. Não basta querer se aproximar, é preciso se responsabilizar, pois nunca sabemos o grau de desorganização em que aquele indivíduo efetivamente se encontra.

3. Faça o check-in emocional

Certifique-se de que está se sentindo bem e apto emocionalmente para oferecer suporte a essa pessoa específica. Através do seu processo de autoconhecimento, abra uma investigação sobre o seu momento, garanta que os próprios limites serão respeitados e se pergunte: "Como essa dor vai me impactar?" ou "Estou me sentindo bem para seguir com a abordagem de cuidado?". Se estiver na dúvida ou se sua resposta for "não", pare uns minutinhos e pense se há algo a fazer para reverter esse quadro.

Caso seja possível se autorregular para se sentir melhor, avalie, então, qual ferramenta poderá acionar de imediato. A da boa respiração? A do exercício da presença? Quem sabe tomar um copo de água? Adotar alguma ação de autocuidado de verdade ou, simplesmente, dar uma volta para se reorganizar? Pergunte-se também: "Mesmo que eu não esteja cem por cento, posso dar algo de mim nessa conversa?" Essas ações são essenciais para que você não ultrapasse os limites da doação e mantenha-se preservado.

Esteja atento: diante de qualquer indisponibilidade, e caso não se sinta bem para a aproximação, volte ao passo anterior da abordagem e garanta o devido encaminhamento, solicitando o apoio da empresa, de outros líderes ou de outras áreas. Porém, caso você esteja seguro sobre suas condições emocionais e sua disponibilidade, siga para o passo seguinte.

4. Qual o objetivo dessa aproximação?

Antes de se aproximar, de fato, do indivíduo que precisa do seu suporte, tenha um objetivo definido em mente. O que você quer alcançar com essa conversa? Abordar para acolher? Abordar para oferecer apoio? Ou apenas gostaria de saber detalhes do caso? Aproximar-se para estreitar o vínculo? Aproximar-se para gerar confiança? Precisa dar um feedback? A serviço de que está o desejo de apoiar alguém em dor? Se já sabe como pode apoiar a pessoa que passa por dificuldade, siga para o passo seguinte.

5. Planejamento prévio

Pense se é necessário algum tipo de planejamento prévio. Em caso positivo, obtenha todas as informações necessárias para estar amparado na abordagem de cuidado: resgate anotações anteriores, busque histórico de crises do colaborador, entenda onde esse indivíduo está na estrutura organizacional — caso não seja da sua equipe, procure tirar dúvidas sobre sintomas anteriores. Toda informação que conseguir colher vai facilitar o processo de aproximação.

Depois disso, pense nas questões práticas. Algumas decisões burocráticas podem já ter sido direcionadas pela empresa. Escolha um local privado, neutro, no qual o colaborador não se sinta exposto pelo ambiente externo, e cuide para que não sejam interrompidos durante a conversa.

6. Respeite a privacidade e a confidencialidade

O compromisso com a confidencialidade é um fator de proteção básico para a Abordagem de Cuidado. O outro precisa ter certeza de que suas confidências serão mantidas em segredo e nada será compartilhado, até que vocês cheguem a um acordo. Tenha sempre em mente a necessidade de não quebrar esse trato. É a confiança estabelecida entre o colaborador ou liderado e você que vai garantir bons frutos de vínculo e cumplicidade.

O único caso em que essa conduta deve ser quebrada é quando se nota a evidência de ideação suicida ou gestos autodestrutivos que coloquem o indivíduo em risco. Alguns comportamentos e certas falas podem sugerir esse caminho e, em tais circunstâncias, a família do colaborador deve ser acionada imediatamente.

7. É um bom momento para a aproximação?

Ao abordar o colaborador ou alguém que você sinta que precisa de ajuda, pergunte-lhe, discretamente, se é uma boa hora para vocês conversarem. Nunca escolha dar esse passo em público. Aproveite ou crie um pretexto em que estejam sozinhos para que não haja constrangimento, vergonha ou alguma reação inesperada que possa expor vocês.

Se o colaborador responder que a hora não é boa, diga que você entende e respeita, mas dê opções: "Qual o melhor momento para eu procurar você?"; ou: "Quando estiver se sentindo melhor, gostaria que me procurasse. Aqui está meu telefone (caso não seja da sua equipe). Estou aqui para apoiá-lo. Você pode contar comigo. Você não está sozinho." Se a pessoa hesitar, negar o problema ou recusar essa abertura, use o bom senso e não insista. Mas acrescente: "Estou à disposição para conversar na hora que for mais confortável para você. Estarei sempre por aqui. Me avise se eu puder fazer algo por você."

Caso perceba uma condição muito desorganizadora no colaborador, explique a ele que você está capacitado a fazer essa abordagem e que ela envolve um compromisso importante de confidencialidade. No entanto, a depender do estado em que a pessoa se encontra, talvez seja necessário repactuar esse acordo, com o objetivo de proteger o colaborador. A partir daí, é fundamental quebrar o sigilo, encaminhar com urgência o caso para as áreas competentes e, se necessário, perguntar se a família do colaborador está ciente do que ele está passando.

Se o colaborador aceitar a aproximação, vá em frente para o passo seguinte, tendo garantido o planejamento prévio, sugerido no item 5.

8. Faça perguntas de aproximação

Ninguém precisa ter todas as respostas, por isso não há o que temer nesse passo. Não hesite em fazer perguntas. Para que você possa fazer uma boa leitura e um bom mapeamento da situação, é preciso colher informações mais apuradas sobre o estado emocional do colaborador. Não há razão para pressa, tampouco seria adequado se distrair no celular ou mostrar-se impaciente. Escolha a presença como uma ferramenta afetuosa, inclusive para diminuir os ruídos externos.

Ao iniciar a aproximação, faça uma curadoria das suas palavras. Pense antes de falar. Respire antes da primeira pergunta. Esse pode ser um caminho essencial para a regulação emocional de ambos. Algumas perguntas que podem ajudá-lo nesse momento, seja para levantar contexto, seja para criar uma condição de ventilação dos sintomas percebidos, são:

- Conte-me como posso ajudá-lo...
- Conte-me como você se sente...
- O que mais o angustia agora?
- Gostaria muito de entender melhor o que está acontecendo com você.
- Como estão as coisas?
- Podemos tomar um café? Percebi que você não está muito bem hoje.

- Estou percebendo você um pouco mais triste/cansado(a), estressado(a), diferente, ultimamente. Está tudo bem?
- Há algo que a empresa pode fazer por você?

9. Tenha uma escuta gentil

Lembre-se de que você está no momento da verdade. E, nessa hora, o que mais importa é oferecer um espaço de expressão e validação dos sentimentos, das emoções e das dores que surgirão. Além disso, não hesite em fazer anotações. Explique à pessoa que tomar notas pode ajudar você a não perder informações relevantes. Para praticar a escuta gentil, exerça algumas habilidades aprendidas:

- sustentar o olho no olho;
- fazer sinais com a cabeça de que está compreendendo e validando o que o outro diz;
- demonstrar interesse genuíno pelo que o colaborador está passando;
- silenciar seus pensamentos, pois é hora de ouvir o outro, e não seus barulhos internos;
- não interromper e perceber o que a linguagem corporal tem a lhe dizer;
- caso apareça algum julgamento, guarde-o para si, depois você resolve o que fazer com ele.

Quando o colaborador terminar de falar, procure fazer uma confirmação daquilo que você entendeu. Garanta que sua percepção está de acordo com a realidade, os fatos e os sentimentos dele. Garanta também que ele compreendeu que esse acolhimento é confidencial e que qualquer decisão no sentido de compartilhar o caso será com a anuência dele. Reforço: não se distraia com possíveis interrupções e deixe seu celular de lado para que o funcionário se sinta valorizado e validado.

Depois de ouvir um grande desabafo, não é necessário apontar caminhos, nem oferecer respostas. Na maioria das vezes, a sua escuta gentil é suficiente. Se você esteve realmente presente nesse momento, talvez isso já seja o bastante. Em muitos casos não é necessário fazer ou falar nada. A partir da própria narrativa, o indivíduo consegue elaborar e seguir adiante, aliviado.

Vale reiterar que, nessa relação, a escuta é a principal ferramenta na construção de intimidade e confiança. Caso tenha algo a dizer, responder ou informar, faça nesse momento. Pode ser que algo fique pendente, mas isso não é um problema, desde que você se comprometa a buscar a resposta e apresentá-la assim que a tiver. Depois disso, finalize agradecendo a confiança e firmando um compromisso de próximos passos e de monitoramento, definindo os devidos responsáveis e os prazos. Combinem também qual será a forma de comunicação entre vocês a partir daí.

Vale retribuir essa confiança com a sugestão de um abraço, fortalecendo ainda mais o vínculo entre vocês. Siga, então, para o passo seguinte.

10. Incentive a pessoa a procurar ajuda, dê suporte e monitore continuamente

Mantenha seu vínculo vivo com o colaborador, cumprindo com os combinados e os acordos firmados após o acolhimento e a sua escuta gentil. Nesse meio-tempo, novos acontecimentos podem surgir, daí a importância de realizar, adequadamente, o monitoramento e os encaminhamentos necessários para diminuir a ansiedade do colaborador. Pergunte a ele como se sente e se algo novo ocorreu desde então, pois dúvidas, sintomas, consultas ou decisões importantes podem aparecer. Se você tem algo a agregar, comunique de forma clara. Tente sempre oferecer segurança. Caso precise, compartilhe as políticas da empresa relacionadas a licenças médicas, licenças remuneradas e outros benefícios.

Talvez seja necessário dar orientações de forma detalhada e se certificar de que o colaborador está em condições de seguir as diretrizes, em função do seu nível de comprometimento. Ajudar com a documentação também faz parte da oferta de suporte ao colaborador. Alguns desdobramentos podem ser jurídicos ou médicos, envolvendo às vezes a Previdência Social, então pesquise sobre os dados a serem levantados e formalize a comunicação, participando todos os envolvidos, se houver necessidade.

Preservar a imagem e a reputação do colaborador e da empresa é absolutamente impreterível, porque está em jogo não apenas a saúde emocional e mental dos envolvidos, mas também a sustentabilidade dos negócios. Se entender que o colaborador já tem condições de voltar naturalmente às suas funções, é provável que você tenha alcançado com muita responsabilidade e respeito o apoio oferecido pela Abordagem de Cuidado.

Caso você sinta que o colaborador ou liderado está em risco, é fundamental buscar ajuda. Uma equipe multidisciplinar ou profissionais especializados podem entrar no circuito para indicar avaliações ou tratamentos mais adequados e, sobretudo, compartilhar obrigações e mitigar riscos. Garanta que áreas competentes sigam no caso para que a organização possa cuidar da saúde mental dos envolvidos, bem como da reputação e da imagem tanto da própria organização quanto do colaborador.

Envolver a família do colaborador é também um fator de proteção. Cabe a ela a responsabilidade de cuidado em parceria com a empresa, para que a atuação seja coletiva na prevenção e promoção da saúde. Outra opção é oferecer ao colaborador ou liderado a participação em alguns rituais ou comitês internos capazes de proporcionar mais segurança nesse momento tão desafiador. Não abandone o colaborador à própria sorte. Faça um monitoramento contínuo e siga acompanhando o progresso no longo prazo, a fim de garantir o apoio necessário e um ambiente de trabalho favorável à saúde mental.

Se houver necessidade de afastamento, o monitoramento também será essencial. Durante esse período, é importante que a empresa se informe sobre as condições físicas e mentais do colaborador, tanto para manter o vínculo e os cuidados ativos quanto para a revisão e repactuação de atividades. Ajustes temporários das tarefas, eventuais mudanças na carga de trabalho e de horário do restante da equipe e redistribuição das responsabilidades na área ajudarão o líder a acomodar melhor as demandas do colaborador ao longo do tratamento e de sua possível ausência da empresa.

Outro aspecto é a comunicação clara e transparente de todos os passos do monitoramento para toda a equipe, garantindo a sobriedade e a colaboração de seus membros. Se o colaborador for oficialmente afastado, será necessário suporte no retorno ao trabalho. Acompanhe diariamente e negocie um plano gradual e suave, a fim de diminuir os estigmas que podem surgir entre os colegas e preservar o bem-estar dos envolvidos. Não economize no uso do feedback como ferramenta. Todos os ajustes de expectativas devem ser declarados no decorrer do processo, que só termina quando a pessoa consegue se reorganizar, curar-se e recuperar sua funcionalidade, sua potência e sua performance.

CONCLUSÃO

Um longo caminho

Por muito tempo resisti à ideia de desenhar um caminho, um passo a passo que pudesse ser seguido dentro das empresas para lidar com as dores no ambiente de trabalho. Parecia-me impossível padronizar algo que, definitivamente, não tem padrão. Afinal, as dores, assim como as pessoas que as carregam, são únicas. Continuo acreditando e defendendo que a melhor iniciativa que uma empresa pode ter é contratar profissionais capacitados para ajudá-la no enfrentamento dessas questões.

Sou apaixonada pelo trabalho que faço e o exerço com muito amor, dedicação e seriedade. E escrever este livro foi uma maneira de compartilhar, da forma mais ampla e abrangente possível, as bases do meu trabalho, a fim de incentivar o maior número de empresas, profissionais de Recursos Humanos, médicos do trabalho, líderes e todos os colaboradores a darem os primeiros passos na mudança que se faz tão imperiosa dentro dos ambientes de trabalho. Ao longo destes capítulos, tentei dar o máximo de detalhes sobre o que eu poderia chamar de cinco fases não lineares do processo de humanização. Não lineares porque o que é necessário em cada uma delas se entrelaça e se mistura ao que é necessário nas demais.

A primeira fase desse caminho é buscar informação. Entender um pouco mais do assunto, entender as dores, os lutos, os adoecimentos e suas causas. É importante que os profissionais envolvidos no processo de cuidado dentro das empresas saibam que não estão sozinhos, que podem sempre recorrer à ajuda de especialistas e de seus companheiros.

O segundo momento é trabalhar o autoconhecimento, a autorresponsabilidade e o protagonismo. Para isso é preciso estimular os colaboradores a fazerem um mergulho dentro de si, a fim de assumirem suas responsabilidades. Para quem estiver no papel de cuidador, essa também é a hora de avaliar se está apto ou não a fazer a aproximação em cada caso. Somente quando nos conhecemos podemos nos transformar e a partir daí transformar as nossas relações. É a partir também do autoconhecimento que podemos dar o terceiro passo desse caminho: a regulação emocional. Isso significa, na prática, começar a se colocar de forma diferente nas relações, ser capaz de se regular e ajudar os colaboradores a igualmente se regularem.

Essa capacidade de regulação emocional nos leva ao quarto passo, que é tornar-se "base segura". Este é o momento em que a empresa e as lideranças passam a ter um olhar mais humano para as dores do outro. Aqui não se trata de abrir mão do que o colaborador em sofrimento precisa entregar, mas de entender a situação pela qual ele passa, acolher, dar encaminhamento e feedbacks. É dar a segurança e o amparo necessários para que ele se reorganize depois de uma experiência desorganizadora e possa, com tempo e acompanhamento, voltar a ser produtivo.

Por fim, o quinto passo desse caminho é oferecer espaço para expressão e validação das dores no contexto do trabalho. Isso se torna possível com aproximação. Tente compartilhar histórias de vida, conectar-se com o outro de uma forma mais íntima, subjetiva, profunda e verdadeira. Curiosamente — ou nem tanto —, o fim do caminho é também o início: permitir-se falar do assunto, seja lá qual for o tipo de dor, pois não é possível lidar com algo que não podemos expressar.

"Mas como você consegue dar conta de trabalhar com isso, Mariana?" Essa é uma pergunta que escuto com frequência. A minha resposta, eu sei, foge do padrão: "Porque me curo e me emociono todos os dias." Sempre é difícil e muito diferente. Nunca é a mesma experiência. E há quem diga que já devo ter me acostumado a ouvir relatos de sofrimento, a ver pessoas com dores expostas e mal disfarçando as emoções à flor da pele. No luto corporativo e na vida, não há piloto automático. É impossível me manter inabalável diante do que testemunho. Cada indivíduo doente, cada equipe, cada líder, cada família, cada um de nós vive experiências de dor com significados muito diferentes. E, em muitos casos, sou catapultada para as minhas dores. Contudo, busco entender como aquela história me impacta e o que posso aprender com ela.

Se me emociono, não me preocupo se estou quebrando o protocolo corporativo. Já não preciso esconder o luto em mim ou naquela sala na qual oferecia acolhimento a portas e cortinas fechadas. A minha emoção é a prova da minha presença, da minha disponibilidade para o outro, do meu cuidado com a história dele. E me toca ver mentorados encontrando recursos para seguir, mesmo diante de tantas dificuldades e barreiras profissionais. Certa vez, um médico oncologista me emocionou bastante. Eu conduzia um acolhimento coletivo numa empresa do Rio Grande do Sul, por conta das inundações no estado em 2024, quando ele desabafou:

— Estou devastado, sendo obrigado a encarar meus próprios fantasmas. Essa tragédia me colocou num patamar de que sou uma pessoa comum. Depois de 46 anos de profissão, declaro para esse grupo de médicos que não somos super-heróis. A incapacidade de resolver problemas e de ajudar meus pacientes têm sido tapas diários na cara. Sempre estive imerso demais nos problemas dos outros, nunca parei para pensar quais eram os meus. Nunca me olhei. Sempre tive sangue-frio e determinação para seguir, mas agora a ameaça é visível, a ameaça da impotência está me corroendo em muito pouco tempo.

Ele não está sozinho. É enorme a carência por escuta, acolhimento e afeto que hoje vivenciamos. É inegável que o mundo passa por uma situação de crise sem precedentes, em várias esferas. Há países em guerra suscitando traumas ainda não curados. Há nações em alerta pelo aumento da violência urbana e da intolerância em grandes e pequenos centros. Eventos climáticos — de ondas de calor a inundações de arrasar cidades — se multiplicam pelos quatro cantos do globo. Inflação e risco de recessão tiram o sono das maiores economias do mundo, enquanto a desigualdade social cresce nos países emergentes e nos mais vulneráveis.

As empresas, antes focadas nos próprios negócios, não estão imunes a esses fatores. Além de terem suas operações afetadas, são cada vez mais cobradas, inclusive pela sociedade, que deposita em seus líderes confiança e esperança para que solucionem todo tipo de questão, inclusive questões estruturais. Essa pressão é sentida em cheio por equipes enxutas e sobrecarregadas, cuja emocionalidade está muitíssimo comprometida. O aumento dos processos de ansiedade e insegurança nas organizações, bem como a crescente dificuldade de agir e propor novas ideias em meio a tamanha volatilidade e instabilidade, não é casual.

Um estudo realizado em 2023 com dados do Engaja S/A e publicado com exclusividade pelo *Valor Econômico* mostra que a liderança está duas vezes mais engajada que as equipes, o que lança uma preocupação sobre a experiência proporcionada a liderados, a conexão deles com os seus gestores e até a expectativa de futuro organizacional.[1] A crise sanitária sem precedentes que enfrentamos em 2020 nos mostrou o poder da coletividade, o quanto é possível realizar quando nos colocamos mais a serviço do humano que do lucro. Tabus foram descortinados — não derrubados. Há, ainda, muito a se desconstruir para que os transtornos mentais deixem de fazer estragos no nosso bem-estar.

Podemos trabalhar com a perna quebrada, de muletas, mas não podemos trabalhar tristes porque perdemos alguém que amamos ou porque estamos na sexta tentativa de fertilização. O ambiente corporativo é um lugar de muita vida, mas também de muita dor. E a dor afeta toda a cadeia produtiva. Como podemos ser criativos se não estamos inteiros? Como podemos ser inovadores se estamos usando nossa energia para suprimir dores? Como dar conta de tudo e de todos?

Assim como a produção precisa ser revisitada e atualizada para se manter competitiva, também a gestão precisa ser renovada, de forma a contemplar os novos desafios impostos aos indivíduos e à sociedade como um todo. Processos obsoletos, não só na operação, causam mais do que custos, causam prejuízos. O número crescente de afastamentos do ambiente de trabalho é prova disso. O adoecimento não influencia somente o resultado de uma pessoa, mas do time todo. Se acontece em várias áreas de uma companhia, sua estrutura se enfraquece. Pode parecer remediável, mas cuidar do sintoma é bem diferente de cuidar da doença. Não cura o vazamento, só adia o problema.

Segundo o Dicionário da Educação Profissional em Saúde, da Fiocruz, no âmbito da saúde, o cuidado está relacionado a "uma ação integral fruto do 'entre-relações' de pessoas", envolvendo "o tratar, o respeitar, o acolher, o atender o ser humano em seu sofrimento — em grande medida fruto de sua fragilidade social —, mas com qualidade e resolutividade de seus problemas".[2] Pensadores contemporâneos falam em autenticidade, consistência e confiança como base da interação entre líder e liderados, em contrapartida à ambiguidade, à volatilidade e ao medo, que fomentam a submissão e a competição, tornando o ambiente mais tóxico e proliferador de adoecimento.

O desafio que temos pela frente é justamente este: lançar luz sobre a relação entre líder e liderado, entendendo a liderança não como um combo de competências a serem desenvolvidas, mas como uma base segura capaz de promover confiança, bem-estar e equilíbrio diante das adversidades, incluindo o luto.

Nesse sentido, vale reforçar que a atitude da liderança no dia a dia é o que fará a diferença, não só no fomento de ambientes mais saudáveis, com possibilidades de crescimento, transformação e aprendizado, mas também por meio da colaboração para a regeneração de todo o ecossistema. Não tenho dúvidas de que as empresas, ao oferecerem uma base segura, são capazes de promover mudanças sociais e ajudar a alcançar as mudanças estruturais de que tanto necessitamos.

A inteligência artificial pode ajudar a desatar vários dos nós que nos afligem hoje, mas não podemos prescindir de seres humanos conscientes para tomar decisões melhores. Para isso é premente resgatar a nossa humanidade e reconhecer nossa carência fisiológica e biológica de conexão.

Há várias formas de enfrentamento da epidemia de sofrimento existencial. Ao longo deste livro, abordei algumas: desde tomar um simples café em grupo, para aliviar a tensão e gerar afeto e distração, até uma roda de conversa, em momentos de crises coletivas, e programas de capacitação de lideranças. Não posso deixar de mencionar as sessões de feedback, que não devem servir de pretexto para sofrimento e culpabilização, e sim como fator de proteção, ao ajudar o liderado a não entrar no buraco autodestrutivo de fantasias e paranoias sobre seu desempenho. Essa é, eu sei, mais uma grande quebra de paradigma dentro das organizações, mas é possível aprender a dar um bom feedback, principalmente para fazer jus aos louros de uma posição de liderança.

No entanto, cada empresa tem o seu tempo de chegada ao assunto. E isso vai depender do quanto essa liderança já foi exigida para tratativas desse tipo ou, ainda, do entendimento dessa urgência, objetivando uma entrega que supere metas e se portando como verdadeiros gestores de pessoas. Fato é que, mais cedo ou mais tarde, essa hora vai chegar — tanto é que o Ministério da Saúde incluiu, em 2023, 165 novas patologias na lista de doenças relacionadas ao trabalho, aumentando de 182 para 347 o número de códigos de diagnóstico.[3]

Sei que a maior parte dos Conselhos de Administração, que deveriam zelar pelas boas práticas, ainda não tem a saúde mental como prioridade. Apenas 7% dos conselheiros destacaram a importância de um "ambiente seguro para colaboradores", em pesquisa da Harvard Law School realizada em 2023.[4] Há um longo caminho pela frente, com inúmeros tabus a serem derrubados. Mesmo quem parece só se importar com números desmerece o adoecimento em curso — e as graves consequências disso. Estudo do Fórum Econômico Mundial e da Harvard School of Public Health delineou esse iceberg do qual hoje só enxergamos a ponta: US$ 6 trilhões globalmente até 2030, mais do que o dobro gasto em 2010, deve ser a despesa com saúde mental. O valor deverá superar os gastos com câncer, diabetes e doenças respiratórias juntos.[5]

    Contudo, não dá para negar que já há uma mudança em curso. Um número cada vez maior de companhias já se preocupa em alcançar objetivos e metas a partir de um lugar diferente, para além do próprio umbigo. São empresas que reconhecem, diante dos dilemas e dos desafios vigentes, a necessidade de uma cultura voltada para o cuidado, com um discurso coerente com a prática, sem medo de ser fonte de segurança e proteção. Eu acredito que nos encontramos em meio a um processo de profundas transformações. É premente buscar saídas e rotas, dentro do que for possível para cada liderança, a fim de se resgatar a confiança e a esperança no desafio social de liderar e encorajar pessoas a partir de um lugar mais humanizado.

    A sensibilização ainda é um trabalho de formiguinha, mas não tenho dúvida de que pequenos passos podem iniciar grandes avanços e mudanças na nossa sociedade.

    E lembre-se: dor compartilhada é dor diminuída.

Compartilho em meus canais, rotineiramente, mais informações sobre o tema:

Instagram
@mari_cclark

LinkedIn
@mariana-clark

Se você está enfrentando dificuldades ou conhece alguém que esteja, procure ajuda — principalmente ajuda especializada. Com total sigilo, você pode encontrar apoio no Centro de Valorização da Vida.

Telefone do Centro de Valorização da Vida: 188.

E-mail: <https://www.cvv.org.br/e-mail/>

Chat: <https://www.cvv.org.br/chat/>

AGRADECIMENTOS

Há cinco anos me dedico a levar o cuidado para o centro das relações de trabalho e sugiro conexões mais profundas entre indivíduos, na esperança de avanços sociais e pautas mais humanas e sustentáveis. Há cinco anos derrubo muros, assumindo riscos e construindo recomeços a partir de um repertório subjetivo, sutil e mobilizador.

A jornada do luto é duríssima, longa, cheia de medos, inseguranças e ameaças. A jornada do empreendedor também é uma montanha-russa de emoções, marcada por altas vertiginosas, quedas inesperadas e curvas que nos testam o todo tempo. Empreender é, muitas vezes, como viver um luto, intenso e paradoxal. É desconforto puro, é revisão constante. Mas não há nada mais gratificante do que colocar o meu propósito a serviço do humano a partir da minha palavra e do meu acolhimento.

Nessa jornada do empreendimento, há um convite para crescermos e repensarmos nossas escolhas, vínculos, verdades e nosso impacto no mundo, e há também a busca pela terra firme, a busca pelo reasseguramento emocional, a busca por vínculos afetivos que nos suportam e nos ancoram nos mares de incertezas.

Para que eu pudesse cuidar da minha trajetória empreendedora, muitas pessoas especiais cuidaram de mim. E agradeço a todas elas.

Agradeço a minha mãe, meus filhos Laura, Rafael e João, Dulce, Laiane e Conceição. Aos meus mentores: Simone Madrid, Carolina Wist, Tatiane Lima, Andre Ferraz, Graziela Merlina, Fabio Pinaud.

Agradeço também a todos os meus amigos, que formam uma afetuosa rede de apoio, e especialmente a Isabel Arthur, que me apresentou à equipe amorosa da Intrínseca, que me acolheu com toda a paciência de uma autora de primeira viagem.

NOTAS

Capítulo 1: A dor não desliga das 9h às 18h!
1   "Número real de mortes por covid no mundo pode ter chegado a 15 milhões, diz OMS", reportagem de Naomi Grimley, Jack Cornish e Nassos Stylianou, BBC New, 5 mai. 2022. Disponível em: <https://www.bbc.com/portuguese/internacional-61332581>. Acesso em: 7 mai. 2025.

Capítulo 2: O que estamos fazendo com nossas dores no contexto do trabalho?
1   "Três segredos de pessoas resilientes", Lucy Hone, TEDxChristchurch, ago. 2019. Disponível em: <https://www.ted.com/talks/lucy_hone_3_secrets_of_resilient_people?language=pt&subtitle=pt-br>. Acesso em: 5 mai. 2025.
2   Idem.
3   "Ações para cuidar da saúde mental precisam envolver as lideranças", reportagem de Fernanda Gonçalves, *Valor Econômico*, 12 set. 2022. Disponível em: <https://valor.globo.com/carreira/noticia/2022/09/12/acoes-para-cuidar-da-saude-mental-precisam-envolver-as-liderancas.ghtml>. Acesso em: 5 mai. 2025.
4   Idem.
5   "É preciso falar sobre o luto, diz diretor de RH da GM", reportagem de Jacilio Saraiva, *Valor Econômico*, 25 nov. 2021. Disponível em: <https://valor.globo.com/carreira/noticia/2021/11/25/e-preciso-falar-sobre-o-luto-diz-diretor-de-rh-da-gm.ghtml>. Acesso em: 5 mai. 2025.
6   "Transtorno mental gera perda de 4,7% do PIB", reportagem de Cibelle Bouças, *Valor Econômico*, 9 mar. 2023. Disponível em: <https://valor.globo.com/brasil/noticia/2023/03/09/transtorno-mental-gera-perda-de-47-do-pib.ghtml>. Acesso em: 5 mai. 2025.
7   "Promoção da saúde", Organização Mundial da Saúde. Disponível em: <https://www.who.int/westernpacific/about/how-we-work/programmes/health=-promotion#:~:text-Health%20promotion%20is%20the%20process,of%20social%20and%20environmental%20interventions>. Acesso em: 5 mai. 2025.
8   "Global Risks Report 2023", World Economic Forum. Disponível em: <https://www3.weforum.org/docs/WEF_Global_Risks_Report_2023.pdf>. Acesso em: 5 mai. 2025.
9   "Dando a Real com Demori", TV Brasil — Instagram, 18 out. 2023. Disponível em: <https://www.instagram.com/p/Cyibk4NLtDF/>. Acesso em: 5 mai. 2025.
10 "Saúde mental", Organização Mundial da Saúde, 17 jun. 2022. Disponível em: <https://www.who.int/news-room/fact-sheets/detail/mental-health-strengthening-our-response>. Acesso em: 5 mai. 2025.
11 Mental Disorder. WHO, 8 jul. 2022. Disponível em: <https://www.who.int/news-room/fact-sheets/detail/mental-disorders>. Acesso em: 12 mai. 2025.
12 "Estamos todos de luto", reportagem de Cynthia Almeida, *Vamos Falar sobre o Luto?*, 19 mar. 2021. Disponível em: <https://vamosfalarsobreoluto.com.br/2021/03/19/estamos-todos-de-luto/>. Acesso em: 5 mai. 2025.
13 "Síndrome de burnout: Brasil é o segundo país com mais casos diagnosticados", *Estado de Minas*, mai. 2023. Disponível em: <https://www.em.com.br/app/noticia/saude-e-bem-viver/2023/05/26/interna_bem_viver,1498977/sindrome-de-burnout-brasil-e-o-segundo-pais-com-mais-casos-diagnosticados.shtml>. Último acesso: 09/05/2025.
14 Governo do Brasil. Disponível em: <https://www.gov.br/trabalho-e-emprego/pt-br/acesso-a-informacao/participacao-social/conselhos-e-orgaos-colegiados/

comissao-tripartite-partitaria-permanente/normas-regulamentadora/normas-regulamentadoras-vigentes/norma-regulamentadora-no-5-nr-5>. Acesso em: 09/05/2025.

Capítulo 3: O que é luto, afinal?
1 Eduardo Galeano, *Os filhos dos dias*. Porto Alegre: L&PM, 2012.
2 "How Do Our Brains Handle Grief?", Mary-Frances O'Connor, TEDxTalks, 28 mai. 2023. Disponível em: <https://www.youtube.com/watch?v=qBoKZAC9iiI>. Acesso em: 5 mai. 2025.
3 Instagram oficial de Gabriela Casellato. Disponível em: <https://www.instagram.com/p/CWrbK7ZlDyk/>. Acesso em: 5 mai. 2025.

Capítulo 4: Tipos de luto
1 "Mãe ganha na Justiça direito de registrar em cartório filho natimorto", reportagem de Pedro Alves, G1, Pernambuco, 3 mar. 2020. Disponível em: <https://g1.globo.com/pe/pernambuco/noticia/2020/03/03/mae-ganha-na-justica-direito-de-registrar-em-cartorio-filho-natimorto.ghtml>. Acesso em: 5 mai. 2025.
2 Idem.
3 "Higher Temperatures Increase Suicide Rates in the United States and Mexico", *Nature Climate Change*, 23 jul. 2018. Disponível em: <https://www.nature.com/articles/s41558-018-0222-x>. Acesso em: 12 mai. 2025.
4 "'Quando chove meu filho começa a chorar': Crianças vivem sob trauma em Petrópolis", reportagem de Emílio Sant'Anna, *O Estado de S. Paulo*, 15 fev. 2023. Disponível em: <https://www.estadao.com.br/brasil/quando-chove-meu-filho-comeca-a-chorar-apos-1-ano-tragedia-de-petropolis-ainda-e-real-na-cidade/>. Acesso em: 5 mai. 2025.
5 "How Long Should It Take to Grieve? Psychiatry Has Come Up With an Answer", *The New York Times*, 18 mar. 2022. Disponível em: <https://www.nytimes.com/2022/03/18/health/prolonged-grief-disorder.html?action=click&pgtype=Article&state=default&module=styln-grief&variant=show&region=MAIN_CONTENT_1&block=storyline_top_links_recirc>. Acesso em: 5 mai. 2025.
6 APA — Prolonged Grief Disorder. Disponível em: <https://www.psychiatry.org/File%20Library/Unassigned/PGD-Infographic.final.pdf>. Acesso em: 5 mai. 2025.
7 Idem.
8 "Luto prolongado pode ser uma doença: saiba identificar os sinais", reportagem de Fernanda Bassette, UOL, 5 mai. 2022. Disponível em: <https://www.uol.com.br/vivabem/noticias/redacao/2022/05/05/luto-prolongado-pode-ser-uma-doenca-saiba-identificar-os-sinais.htm?cmpid=copiaecola>. Acesso em: 5 mai. 2025.
9 "Suicídio", Organização Mundial da Saúde. Disponível em: <https://www.who.int/news-room/fact-sheets/detail/suicide>. Acesso em: 5 mai. 2025.

Capítulo 5: O luto não vai ser sempre igual
1 Stroebe M. e Schut H, "The Dual Process Model of Coping with Bereavement: Rationale and Description", Death Stud, 1999, Apr-May, 23(3):197-224. Disponível em: <https://wendyvanmieghem.com/wp-content/uploads/2012/08/dual-process-model-by-M.-Stroebe-.pdf>. Acesso em: 5 mai. 2025.
2 Idem.
3 Disponível em: <https://www.jusbrasil.com.br/topicos/10711223/artigo-473-do-decreto-lei-n-5452-de-01-de-maio-de-1943>. Acesso: 5 mai. 2025.
4 Thomas Attig, *How We Grieve: Relearning the World*. New York: Oxford University Press, 1996.

Capítulo 6: A cultura do cuidado, seus desafios e estratégias de implementação
1 "Formados na era da pandemia sofrem para trabalhar em equipe, segundo Deloitte e PwC", reportagem de Michael O'Dwyer, *Valor Econômico*, 5 mai. 2023. Disponível

em: <https://valor.globo.com/carreira/noticia/2023/05/05/formados-na-era-da-pandemia-sofrem-para-trabalhar-em-equipe-segundo-deloitte-e-pwc.ghtml>. Acesso: 5 mai. 2025.

Capítulo 7: A liderança que cuida

1. "Cresce a confiança nas empresas, diz pesquisa", reportagem de Stela Campos, *Valor Econômico*, 30 mar. 2023. Disponível em: <https://valor.globo.com/empresas/noticia/2022/03/30/cresce-a-confianca-nas-empresas-diz-pesquisa.ghtml>. Acesso em: 5 mai. 2025.
2. Bob Chapman e Raj Sisodia, *Todos são importantes: o extraordinário poder das empresas que cuidam das PESSOAS como GENTE, e não como ativos*. Rio de Janeiro: Alta Books, 2020.

Capítulo 8: Ferramentas de cuidado nas empresas

1. Marshall B. Rosenberg, *Comunicação não violenta: técnicas para aprimorar relacionamentos pessoais e profissionais*. São Paulo: Ágora, 2021.
2. Pooja Lakshmin, *Autocuidado de verdade: um programa transformador para redefinir o bem-estar (sem cristais, purificações ou banhos de espuma)*. Rio de Janeiro: Fontanar, 2023.
3. Mihaly Csikszentmihalyi, *Flow: a psicologia do alto desempenho e da felicidade*. São Paulo: Objetiva, 2020.
4. "Avaliação de desempenho: o cansativo dia do juízo final", artigo de Rafael Souto, *Valor Econômico*, 30 nov. 2023. Disponível em: <https://valor.globo.com/carreira/coluna/avaliacao-de-desempenho-o-cansativo-dia-do-juizo-final.ghtml>. Acesso em: 5 mai. 2025.
5. "Mais da metade dos brasileiros consideram seus chefes difíceis ou tóxicos", reportagem de Fernanda Gonçalves, *Valor Econômico*, 29 nov. 2023. Disponível em: <https://valor.globo.com/carreira/noticia/2023/11/29/mais-da-metade-dos-brasileiros-consideram-seus-chefes-dificeis-ou-toxicos.ghtml>. Acesso em: 5 mai. 2025.

Conclusão: Um longo caminho

1. "Executivos estão duas vezes mais engajados que funcionários, diz pesquisa", reportagem de Jacilio Saraiva, *Valor Econômico*, 5 dez. 2023. Disponível em: <https://valor.globo.com/carreira/noticia/2023/12/05/executivos-estao-duas-vezes-mais-engajados-que-funcionarios-diz-pesquisa.ghtml>. Acesso em: 5 mai. 2025.
2. Roseni Pinheiro, "Cuidado em saúde", Dicionário da Educação Profissional em Saúde, Fiocruz. Disponível em: <http://www.sites.epsjv.fiocruz.br/dicionario/verbetes/cuisau.html>. Acesso em: 5 mai. 2025.
3. "Burnout, abuso de drogas e tentativa de suicídio entram em lista de doenças relacionadas ao trabalho", reportagem de Júlia Carvalho, G1, 29 nov. 2023. Disponível em: <https://g1.globo.com/saude/noticia/2023/11/29/burnout-abuso-de-drogas-e-tentativa-de-suicidio-entram-em-lista-de-doencas-relacionadas-ao-trabalho.ghtml?utm_source=meio&utm_medium=email>. Acesso em: 5 mai. 2025.
4. Ted Sikora, "Director Perspective: Top Priorities of 2023", Harvard Law School, 10 fev. 2023. Disponível em: <https://corpgov.law.harvard.edu/2023/02/10/director-perspective-top-priorities-of-2023/>. Acesso em: 5 mai. 2025.
5. "Mental Health: the Trillion-Dollar Challenge that We're Still Not Sure How to Beat", World Economic Forum/Radio Davos, mai. 2021. Disponível em: <https://www.weforum.org/podcasts/radio-davos/episodes/mental-health-the-trillion-dollar-challenge-that-we-re-still-not-sure-how-to-beat/>. Acesso em: 5 mai. 2025.

1ª edição	AGOSTO DE 2025
impressão	BARTIRA
papel de miolo	IVORY BULK 65 G/M²
papel de capa	CARTÃO SUPREMO ALTA ALVURA 250 G/M²
tipografia	ADOBE GARAMOND PRO